# RÉPERTOIRE

# DRAMATIQUE

DES AUTEURS CONTEMPORAINS.

N. 199.

*Théâtre du Gymnase-Dramatique.*

## LES AIDES-DE-CAMP,

COMÉDIE-VAUDEVILLE EN UN ACTE.

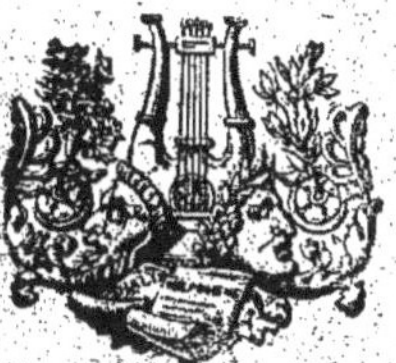

50 CENTIMES.

PARIS,
BECK, EDITEUR,
Rue du Cimetière-Saint-André-des-Arcs, 13, et rue Feydeau, 13.
TRESSE, successeur de J.-N. BARBA, Palais-Royal.

1842.

# RÉPERTOIRE

# DRAMATIQUE

DES AUTEURS CONTEMPORAINS.

N° 190

Théâtre du Gymnase-Dramatique

## LES AIDES-DE-CAMP,

COMÉDIE-VAUDEVILLE EN UN ACTE.

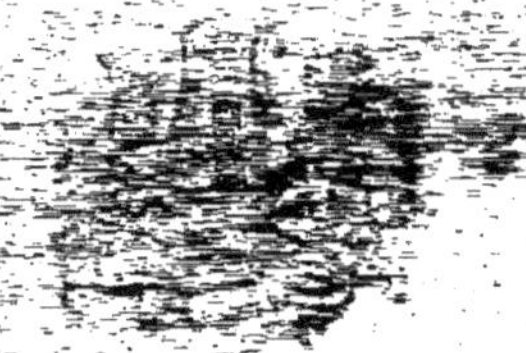

50 CENTIMES.

PARIS,

BECK, ÉDITEUR,

Rue du Cimetière-Saint-André-des-Arts, 11, et rue Férou, 12.

TRESSE, successeur de J.-N. Barba, Palais-Royal.

1842

# LES AIDES-DE-CAMP,

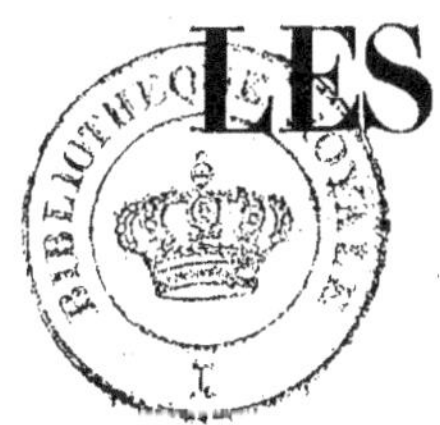


COMÉDIE-VAUDEVILLE EN UN ACTE,

PAR MM. BAYARD ET DUMANOIR,

Représentée, pour la première fois, à Paris, sur le théâtre du Gymnase-Dramatique, le 1er avril 1842.

| PERSONNAGES. | | ACTEURS. |
|---|---|---|
| LE GÉNÉRAL DE CHABRAN (54 ans) | | M. Tisserand. |
| CAROLINE, sa femme (25 ans) | | Mlle Nathalie. |
| GASTON DE VASSY, | aides-de-camp du général | M. Rhozevil. |
| FERNAND D'AVENAY, | | M. Deschamps. |
| M. FRÉMICHON, notaire | | M. Landrol. |
| CABASSOL, principal clerc de Frémichon | | M. Sylvestre. |

La scène se passe chez le général, à Paris.

Le théâtre représente un petit salon. Entrée au fond; portes à gauche et à droite. A droite, au premier plan, une petite table, près de laquelle est un fauteuil. A gauche, au même plan, une table à écrire et un autre fauteuil.

## SCÈNE I.

GASTON, FERNAND; puis, CABASSOL.

(Au lever du rideau, Gaston et Fernand sont endormis, chacun dans un fauteuil.)

FERNAND, rêvant et parlant avec vivacité.*

A moi! à moi!.. Fanny!.. Je t'aime.

GASTON, d'une voix plus émue.

Caroline!.. Pardon!.. Madame... je vous... je...

FERNAND.

Fanny! à moi!..

GASTON.

Caroline!

CABASSOL, entrant, des papiers sous le bras, et parlant à un domestique.

C'est bien, c'est bien, mon cher... j'attendrai le général... Annoncez-moi : Cabassol, principal clerc de Me Frémichon, son notaire... Il sait ce que c'est. (Le domestique se retire.** (Apercevant Fernand et Gaston.) Tiens! tiens! tiens! les deux aides-de-camp du général!.. oui, ma foi... (Saluant à droite et à gauche.) Messieurs, j'ai bien l'honneur... Ah! que je suis bête!.. Ils sont hors d'état de comprendre ma politesse : ils dorment. (S'approchant de Fernand et le regardant de près.) Voilà M. Fernand... un gaillard qui, en fait d'amour et autres plaisanteries, ne cède pas sa part au voisin... (Fernand, toujours agité, retourne brusquement la tête.) Hein! Est-ce pour me démentir, Monsieur?.. On sait de vos nouvelles, scélérat d'officier!.. Vous feriez bien mieux de suivre l'exemple de votre honorable collègue... le petit... (Passant du côté de Gaston, qu'il regarde à son tour.) A la bonne heure, celui-là... il est très gentil... mais c'est un militaire sage et vertueux... ce n'est pas lui qui...

GASTON, rêvant.

Je vous aime!..

CABASSOL.

Hein! Il a dit?..

FERNAND, rêvant.

Je t'adore!

CABASSOL, se retournant.

Lui aussi? (Partant d'un éclat de rire.) Ah! ah! ah!

* Gaston, Fernand.

** Gaston, Cabassol, Fernand.

FERNAND et GASTON, se réveillant en sursaut et se levant.

Quoi ?.. qu'est-ce qu'il y a ?..

GASTON, de même.

Quelqu'un !

FERNAND, se frottant les yeux.

Au diable le... Eh ! si je ne me trompe, c'est M. Cabassol.

CABASSOL.

Principal clerc de Me...

FERNAND.

Que le bon Dieu vous bénisse !.. Vous m'avez réveillé dans un bien joli moment.

GASTON, soupirant, à part.

Et moi aussi !

CABASSOL.

Je n'en doute pas... c'est toujours dans ces momens-là qu'on est réveillé... (A Gaston.) N'est-ce pas, Monsieur ?

GASTON, se levant vivement.

Moi ?.. Je ne rêvais pas.

CABASSOL.

Non ! Je n'ai peut-être pas entendu !

FERNAND.

Ah bah ! J'ai parlé ?..

GASTON.

Je n'ai nommé personne ?..

CABASSOL.

Je t'aime !.. je t'ad.... Ah ! ah ! ah !.. Il n'y a pas de mal, Messieurs... Les opinions sont libres... les sentimens aussi... Moi, qui vous parle, j'ai peut-être rêvé cette nuit, comme vous... j'ai peut-être dit : Je t'aime ! je t'ad... Seulement...

AIR : De sommeiller encor, ma chère.

Sitôt que le sommeil m'emporte,
Craignant de rêver sentiment,
J'ai bien soin de fermer ma porte,
Pour parler tout seul en dormant.

FERNAND.

C'est fort adroit... Oui, mais, j'y songe,
Quand vous êtes deux ?..

CABASSOL.

Dans ce cas,
Je n'ai pas peur de me trahir en songe :

(Avec fatuité.)

Quand je suis deux, je ne dors pas...
Quand on est deux, on ne dort pas.

FERNAND.

Ah ! diable !.. Il paraît que M. Cabassol est amoureux ?

CABASSOL.

Pourquoi pas ?.. Est-ce que je suis taillé en indifférent ?..

GASTON.

M. Cabassol a un cœur ?..

CABASSOL.

Du tout !.. ce n'est pas un cœur... c'est un volcan !

FERNAND.

Dites donc... amoureux... c'est peut-être de la belle personne avec qui vous étiez l'autre jour, dans une baignoire, à l'Opéra.

CABASSOL, vivement.

Messieurs, nous n'étions pas seuls... M. Frémichon était là !

GASTON.

Votre notaire ?..

CABASSOL.

C'était sa femme... Mme Rosalie Frémichon.

FERNAND.

Ah ! bah ! Elle est jeune ?..

CABASSOL.

Tiens !.. Vous croyiez peut-être que ma patronne était une vieille notairesse, comme on en rencontre encore dans quelques sous-préfectures... avec un tour en cheveux, une patte d'oie et des lunettes sur le nez pour lire M. Paul de Kock... Excusez ! ce serait gentil !

GASTON.

Mais Mme Frémichon ?..

CABASSOL.

Vingt-sept ans, Messieurs !.. une blonde étourdissante !.. des yeux, comme ça... et une taille !.. oh ! une taille, qui tiendrait... (Écartant peu à peu ses doigts, qu'il avait d'abord rapprochés.) là-dedans !

FERNAND.

Miséricorde !

CABASSOL.

Elle est fort grasse... mais non moins aimable.

GASTON, riant.

Et M. Cabassol, en sa qualité de principal clerc...

CABASSOL, jouant la modestie.

Allons donc, Messieurs...

FERNAND, riant.

N'est pas insensible aux charmes de la patronne ?

CABASSOL, de même.

Allons donc !.. C'est comme si je disais qu'en votre qualité d'aides-de-camp du général de Chabran, vous êtes sensibles aux charmes de Mme la générale.

GASTON, à part.

Que dit-il ?..

FERNAND, riant.

Ah ! voilà une idée !

GASTON, s'efforçant de rire.

Charmante.

CABASSOL.

Oui, Messieurs, charmante... ravissante...

GASTON.

L'idée ?..

CABASSOL.

Mme la générale... Je la vois souvent, du corps-de-logis en face... nous sommes voisins... Et puis, je l'ai rencontrée au bal... je l'ai même fait danser... Ah ! bien ! ah ! bien !.. ces vieux guerriers n'en font jamais d'autres... Il leur faut tout ce qu'il y a de plus frais... et, sous ce rapport, Mme de Chabran était la reine de la soirée... Des yeux... une taille... et puis, un petit air... saperlotte ! (A Fernand.) Je vous en fais mon compliment, Monsieur...

FERNAND, riant.

Ah ! ah ! ah !

CABASSOL, à Gaston.

Monsieur...

GASTON, sévèrement.

Plaît-il ?..

CABASSOL, ne sachant lequel féliciter.

Messieurs.

GASTON.

Vous supposeriez...

CABASSOL.

Eh ! non... eh ! non... Mais vous supposez bien que je suis amoureux de la femme de mon général !

FERNAND.

De votre général ?..

CABASSOL, riant.

Ah bah ! est-ce que j'ai dit ?.. Ah ! ah ! ah !.. Au fait, mon patron, c'est mon général, à moi... et je suis son aide-de-camp... son premier aide-de-camp... (Aux deux jeunes gens.) Nos positions respectives sont tout-à-fait analogues... (D'un air malin.) et ont, généralement, les mêmes conséquences... Mais, pardon, je bavarde là, moi... Je suis pressé de voir M. de Chabran : car on m'attend.

FERNAND.

A votre étude ?..

CABASSOL.

Pas précisément... Une affaire personnelle... un rendez-vous... en citadine.

FERNAND.

Oh ! oh !

GASTON.

En citadine ?..

CABASSOL.

N° 91$... c'est mon cocher... J'ai voiture... sur la place... C'est très commode.

FERNAND.

Oui... oui... Les roués d'autrefois avaient des petites maisons... ceux d'aujourd'hui ont des petites voitures...

GASTON.

A l'heure.

CABASSOL.

Voilà !.. Ah !.. ah !.. ah !..

## SCÈNE II.

LES MÊMES, LE GÉNÉRAL, CAROLINE.

LE GÉNÉRAL, en dehors.

Non, ma chère amie, non, c'est impossible !

TOUS TROIS.

Le général !

LE GÉNÉRAL, de même.

Je vous dis que j'ai affaire...

CABASSOL.

Il se chamaille... avec qui ?..

LE GÉNÉRAL, entrant et parcourant un journal.*

Ne m'en parlez plus, Caroline.

CAROLINE, entrant avec lui.

C'est mal à vous, c'est très... (Les précédens.) Ah ! (Gaston la salue. — Elle détourne la tête du côté de Fernand.) Messieurs...

LE GÉNÉRAL, quittant son journal.

Ah ! c'est vous ?.. Bonjour, Fernand... Gaston... (A Cabassol, qui le salue.) Qu'est-ce ?

CABASSOL, se présentant.

Cabassol... le principal clerc Cabassol... Je viens de la part de mon général...

LE GÉNÉRAL.

Hein ?..

(Gaston et Fernand se détournent en riant et remontent la scène.*)

CABASSOL, se reprenant.

Non, non... de mon notaire, je voulais dire... (A part, en regardant les aides-de-camp.) Ils sont cause...

CAROLINE.

Ah ! c'est de M. Frémichon...

LE GÉNÉRAL.

Ah ! ah ! ce cher notaire... mon vieux camarade...

CABASSOL.

C'est pour un bail, que j'apporte à signer à M. le Général.

CAROLINE.

Un bail !.. Quel bail, mon ami ?..

LE GÉNÉRAL, vivement.

Ah ! oui, un bail... je sais... (Bas, à Cabassol.) Maladroit ! (Haut.) Je vais examiner cela... Donnez...

(Cabassol cherche dans ses papiers, pendant que Caroline regarde Gaston à la dérobée.)

CAROLINE, à part.

Toujours triste !.. pauvre jeune homme !

LE GÉNÉRAL, impatienté, à Cabassol.

Donnez donc !

CABASSOL.

C'est que je ne trouve pas... Je l'aurai probablement mis dans ma poche... J'ai tant de papiers sur moi !.. Ah ! voilà ce que c'est... permettez...

(Il cherche dans les papiers qu'il tire de sa poche.)

CAROLINE.

Ce bail...

LE GÉNÉRAL, prenant vivement les papiers qu'il tient.

C'est heureux !.. Attendez... j'ai à vous parler.

CABASSOL, à part.

Il est vif !**

CAROLINE.

Eh bien ! Général, ce...

LE GÉNÉRAL, changeant la conversation et mettant les papiers dans sa poche.

Cette promenade en calèche ?.. Demain, chère amie, tant que tu voudras... mais, pour aujourd'hui...

CAROLINE.

Concevez-vous, Messieurs, que le général re-

* Caroline, le Général, Gaston, Fernand, Cabassol.

*Caroline, le Général, Cabassol, Gaston, Fernand.

** Caroline, le Général, Gaston, Fernand, Cabassol.)

fuse de m'accompagner aux Champs-Élysées, dans ma nouvelle calèche?.. (Gaston relève la tête et écoute avec intérêt.) Moi, qui suis toujours si fière de me montrer en public, à côté d'une gloire militaire!.. Oui, vraiment, moi, fille d'un banquier, née dans la finance...

LE GÉNÉRAL.

Le mariage t'a jetée dans le chauvinisme, comme ils disent...

CAROLINE.

Certainement... (Riant.) Les vieux guerriers couverts de lauriers... j'aime ça.

LE GÉNÉRAL.

Et tu as raison, morbleu!.. Est-ce que tous vos hommes de loi, de plume ou d'argent valent un vieux dur-à-cuire comme moi, et deux jeunes capitaines comme ces messieurs?

CABASSOL, à part.

C'est agréable, pour les clercs de notaire!

LE GÉNÉRAL, souriant avec satisfaction.

Et quand je dis, capitaines... voici une lettre qui va, j'espère, changer ce titre-là.

GASTON.

Général...

FERNAND.

Que veut dire?..

CAROLINE.

Quoi donc, mon ami?..

CABASSOL.

Tiens! tiens!

LE GÉNÉRAL.

Une surprise que je vous ai ménagée... une réponse que le ministre de la guerre vient enfin de faire à mes réclamations... C'est même pour cela que je voulais ce soir vous présenter à lui... Il y avait assez long-temps que je lui disais: « Maréchal, songez donc un peu à deux braves jeunes gens qui n'avancent pas... à mes deux aides-de-camp... ou, du moins, à l'un des deux... pour commencer.

AIR: Près la place de la Concorde.

D'un plus haut grade, sans retard,
Il faut leur donner les insignes:
De l'épaulette à graines d'épinard
Tous deux sont également dignes.»

CABASSOL.

C'est comme moi!

LE GÉNÉRAL.

Hein?.. plaît-il?.. vous?

CABASSOL.

Je m'entends, et la chose est claire:
Nos deux épaulettes, à nous,
Sont les deux plaques de notaire.

(Pendant la fin du couplet, les aides-de-camp ont un peu remonté la scène, puis ils redescendent.*)

CAROLINE.

Eh bien, Général?..

LE GÉNÉRAL.

Eh bien!.. cela me fait de la peine de me séparer de vous... mais celui de vous deux à qui la vie de garnison ne fera pas peur, y trouvera bientôt son épaulette.

CAROLINE.

Ah! il faut quitter Paris?

LE GÉNÉRAL.

Pour Rodez... (Caroline jette un coup d'œil sur Gaston, qui paraît ému.) Allons, Messieurs... l'un de vous...

GASTON.

Merci, Général... S'il fallait aller gagner son avancement le sabre à la main, c'est un honneur que je ne cèderais à personne... mais il s'agit de la vie de garnison... A vous, Fernand.

FERNAND, vivement.

Oh! non!.. il y a plus long-temps que vous êtes attaché au général... Je me réserve pour Alger... A vous, Gaston!

LE GÉNÉRAL.

Un combat de générosité!.. c'est-à-dire, que vous voulez rester tous les deux à Paris.

(Ils gardent le silence.)

CAROLINE.

Vous croyez?

CABASSOL.*

Voilà... (Bas, au général, qui le regarde.) Affaire de cœur!

LE GÉNÉRAL, à part.

Ah! diable!.. (Haut.) C'est bien!.. nous reparlerons de cela plus tard. (A Cabassol.) Suivez-moi, Monsieur. (A Caroline.) Quant à vous, chère amie...

CAROLINE, achevant la phrase.

« Allez vous promener sans moi. » N'est-ce pas?.. Oh! je suis vraiment trop bonne de vous excuser... car, enfin, vous n'êtes pas de service au château, vous n'avez pas de séance à la Chambre... Quelle affaire si intéressante?.. Hum! si j'étais jalouse...

LE GÉNÉRAL, riant.

Oh! jalouse de mes cinquante-quatre ans!.. ah! ah! ah!

CABASSOL, riant très fort.

Ah! ah! ah!

(Le général le regarde; il s'arrête tout-à-coup.)

CAROLINE.

Mais, du moins... après dîner, me mènerez-vous quelque part... au spectacle?..

LE GÉNÉRAL.

Oh! mon Dieu! pas moyen: j'ai une audience du ministre... Vous m'accompagnerez, Fernand.

FERNAND, s'approchant.

Si vous l'ordonnez, Général...

(Caroline froisse son mouchoir avec dépit.)

LE GÉNÉRAL, bas, à Fernand.

Oui, à un petit théâtre... ce soir... ayez-moi donc une loge... pour la petite. (Cabassol prête l'oreille.) Chut!

FERNAND, à part, avec joie.

J'en serai!

CAROLINE.

Allons... je passerai encore une soirée, seule, à faire de la musique... M. Gaston, j'ai un service à vous demander...

* Gaston, Caroline, le Général, Fernand, Cabassol.

* Gaston, Caroline, le Général, Cabassol, Fernand.

GASTON.

Madame... à l'instant...

CAROLINE, lui donnant une note.

Tenez, ayez-moi donc cela chez Launer, ce matin... des quadrilles, des romances...

CABASSOL, qui s'est approché.*

Ah! je recommande à Madame la dernière de... (Elle le regarde; il balbutie.) Oui, de...

LE GÉNÉRAL.

M. Cabassol, je vous attends.

CABASSOL.

Voici, Général. (A part.) Pauvre petite femme! ce n'est pas une femme de notaire qui se résignerait comme ça!

(Il suit le général. Ils sortent par la droite.**)

CAROLINE, à Fernand, qui la salue.

Vous nous quittez, M. Fernand?

FERNAND.

Pour affaire de service, Madame. (Bas, à Gaston.***) Acceptez, mon cher, allez à Rodez... moi, je reste à Paris, près du Général... J'ai une passion!

(Il sort par le fond.)

## SCÈNE III.

GASTON, CAROLINE.

GASTON, s'arrêtant au moment de sortir, à part.

Ciel! une passion! lui! près du Général!..

CAROLINE, sans le voir, assise et brodant à droite, près de la petite table.

Qu'a donc mon mari?.. me quitter toujours!.. Et ce bail... cet air de mystère...

GASTON, à part.

Elle!.. Oh! non, non, c'est impossible!..

CAROLINE, de même.

Mais ce jeune homme... pourquoi refuse-t-il de l'avancement?.. Et puis, toujours triste... Il aime peut-être... (Sa broderie lui échappe; Gaston se précipite pour la ramasser. Elle pousse un léger cri.) Ah! c'est vous, M. Gaston!.. Mon Dieu! que vous m'avez fait peur!

GASTON.

Pardon, Madame... c'est que votre broderie était tombée...

CAROLINE, la prenant et se rasseyant.

Merci... Je vous croyais déjà chez Launer, pour ma musique.

GASTON.

J'y vais, Madame... mais, auparavant, je désirais vous parler...

CAROLINE.

A moi?.. et de quoi donc? (A part.) Ah! je vais savoir...

GASTON, à part.

Oh! je saurai!..

CAROLINE.

Parlez, M. Gaston... Mon Dieu! comme vous paraissez ému!..

* Gaston, Caroline, Cabassol, Fernand.
** Gaston, Caroline, Fernand.
*** Gaston, Fernand, Caroline.

GASTON.

Je ne dis pas... c'est possible... Je m'attendais si peu à l'offre que le général vient de nous faire...

CAROLINE.

Et que vous refusez... C'est singulier!

GASTON.

Mais, Fernand aussi... Il paraît qu'il a des raisons particulières...

CAROLINE, avec un peu de dédain.

Qui ne peuvent pas être bien sérieuses, de la part de M. Fernand.

GASTON, avec joie.

Vous trouvez, Madame? (A part.) Elle ne l'aime pas!

CAROLINE.

Mais vous, M. Gaston?

GASTON.

Oh! moi, j'ai grand besoin de conseils, Madame, et si j'osais vous en demander...

CAROLINE.

A moi?

AIR: J'en guette un petit de mon âge.

Pour mon âge et mon caractère,
C'est bien grave... j'en fais l'aveu.
De la raison, je n'en ai guère...

GASTON.

Moi, par moment, j'en ai si peu!
De grace!..

CAROLINE.

Allons, puisqu'il vous plaît de prendre
De mes conseils... promettez-moi qu'un jour,
Si j'en ai besoin à mon tour,
Vous serez là pour me les rendre.

GASTON, vivement.

Oh! tout de suite!.. (Se reprenant.) Vous avez toujours été si bonne pour moi!..

CAROLINE.

Il me semble que ce qu'on vous propose est fort avantageux... Vous, qui n'avez d'autre fortune que votre épée et vos espérances....

GASTON.

Oui, sans doute... mais quitter Paris!..

CAROLINE.

Vous y tenez?

GASTON, avec élan.

Oh! oui... beaucoup!

CAROLINE, un peu émue.

Ah! (Lui montrant sa broderie.) Cette fleur est jolie, n'est-ce pas?

GASTON.

Charmante! (Après un silence.) Quitter Paris!..

CAROLINE.

Et... qui peut vous y retenir?

GASTON.

Croyez-vous donc, Madame, que je ne sois attaché à personne?.. Ne peut-il y avoir... quelqu'un...

CAROLINE.

Quelqu'un?.. Je m'en doutais.

GASTON.

Vous, Madame?..

CAROLINE.

Oui... cette tristesse, ce refus... tout cela me donnait des soupçons...

GASTON.

Grand Dieu!

CAROLINE.

Oh! nous autres femmes, nous avons une seconde vue pour ces choses-là... Les plus légers symptômes sont pour nous des révélations... Tenez, hier au soir, à l'Opéra... dans cette loge où mon mari vous avait laissé seul avec moi...

GASTON.

Oh! il a été bien bon!

CAROLINE.

Vous trouvez?.. Mais c'est une bonté que ces messieurs ont toujours pour leurs aides-de-camp... Ils leur laissent le soin d'être aimables pour eux... Vous êtes nos chevaliers d'honneur.

GASTON.

Et moi, j'en suis fier, Madame!

CAROLINE.

Hier donc, vous paraissiez rêveur, préoccupé... vous n'étiez ni à la musique, ni à la danse... On eût dit qu'il y avait dans la salle *quelqu'un*, qui attirait toute votre attention... quelqu'un, qui vous fait aimer Paris, peut-être?..

GASTON.

Eh bien! oui, je l'avoue!

CAROLINE, vivement.

Dites-moi donc qui? (Gaston baisse les yeux.) Était-ce au même rang que nous?

GASTON.

Oui, Madame.

CAROLINE.

Loin de nous?

GASTON.

Non, Madame.

CAROLINE.

La loge à côté?

GASTON, baissant la voix.

Plus près encore.

CAROLINE.

Plus près?.. (Elle le regarde; il détourne les yeux.) Ah!.. (Comprenant, elle se lève et change de conversation.*) Savez-vous quel est ce bail dont on parlait à mon mari?

GASTON, triste et confus.

Je l'ignore, Madame.

CAROLINE.

Cela m'a un peu intriguée... Je ne sais, depuis quelque temps, lui aussi est distrait, rêveur... il parle bas avec M. Fernand... M. Fernand, que devient-il donc tous les soirs?

GASTON.

Fernand?.. Je ne sais, Madame... (A part.) Ah! mon Dieu!..

CAROLINE, à part.

Ah! si j'étais trahie!.. (Haut.) Hier, après le pas de deux, ils ont quitté la loge ensemble avec une précipitation...

* Caroline, Gaston.

GASTON.

Dont je ne me plains pas... J'ai dû à leur absence un bonheur!

CAROLINE.

M. Gaston!

GASTON.

Être seul.. avec vous!.. près de vous!..

CAROLINE, distraite.

Quelqu'un occupait aussi le général, dans la salle... ailleurs, peut-être, n'est-ce pas?..

GASTON.

Eh! qu'importe? s'il y avait à vos côtés une personne qui donnerait sa vie pour vous?

CAROLINE.

Mais il aime donc?..

GASTON.

Et tout à l'heure, quand il a été décidé que vous sortiriez seule, dans votre voiture... je me disais tout bas, au fond du cœur..

Air de Julie.

Qu'on l'abandonne et lui soit infidèle,
Oh! moi, du moins, en tous lieux, comme au bal,
Je serai là, je veillerai sur elle...
Et je suivrai sa calèche à cheval.

CAROLINE.

De tant de soins, de zèle, de constance,
Comment m'acquitter?..

GASTON.

Mais, déjà,
Me permettre ce bonheur-là,
N'est-ce pas une récompense?

CAROLINE, un peu émue.

Mon Dieu! pourquoi non?.. Une promenade au Bois... de loin... je ne puis empêcher..,

GASTON.

Vous consentez!..

(Frémichon paraît au fond et s'arrête au moment où Gaston se rapproche de Caroline avec joie.)

## SCÈNE IV.

CAROLINE, FRÉMICHON, GASTON.

FRÉMICHON, à part.

Ah bah!

GASTON, qui l'a aperçu, du ton le plus calme.

Oui, Madame, je jure que je n'en sais rien, absolument rien, et.. (Feignant d'apercevoir Frémichon.) Eh! mais, voici M. Frémichon, le notaire, qui répondra mieux que personne à votre question.

FRÉMICHON, s'avançant.

Qu'est-ce donc?.. Mes respects, Madame... M. de Vassy, je suis votre serviteur.

GASTON.

Madame me demandait ce que c'est qu'un bail... est-ce un bail?.. je ne sais... apporté au général par votre principal clerc...

CAROLINE.

Oui, Monsieur, oui... c'est cela... ce jeune homme...

FRÉMICHON.

Ah! oui... le petit Cabassol... Vous l'avez vu?.. Il s'agit de ce bail... vous savez... Mon ami le général doit vous avoir dit... Une petite maison de campagne délicieuse.

CAROLINE.

Une maison de campagne?.. (A part.) Et mon château?

FRÉMICHON.

A Auteuil... Est-ce qu'il ne vous a pas dit... Ah! ne me faites pas parler.

CAROLINE.

Du tout... mais...

FRÉMICHON.

Nous autres, notaires royaux, nous sommes discrets par état et bavards par goût... (Jetant un regard sur Gaston.) C'est une surprise... Le général vous aime tant!

CAROLINE.

Vous croyez?

FRÉMICHON.

Il vous aime tant, le général!

GASTON, à part.

Qui est-ce qui lui demande ça?.. Ah! les notaires!..

CAROLINE.

Une surprise?.. Mais c'est de la folie!

LE GÉNÉRAL, en dehors, à droite.

Par là, Monsieur, par cet escalier...

FRÉMICHON.

Dieu! je l'entends!.. Ah! Madame!..

CAROLINE.

Je ne dirai rien... je ne sais rien... Je rentre. (A part.) Au fait, une attention... une surprise... Ce serait bien.

GASTON, la saluant.*

Je vais rapporter à Madame la musique qu'elle m'a demandée. (Bas.) Et cette promenade au Bois?

CAROLINE.

M. Gaston!... Adieu.

(Elle sort par la gauche.**)

GASTON, à part.

Oh! j'irai! j'irai!.. Mais, Fernand... ce qu'il disait.. C'est impossible!

(Il sort par le fond.)

FRÉMICHON, seul.

Ah ça! mais... ah ça! mais... la jeune femme paraît... le jeune homme aussi... Voyons donc! est-ce que l'aide-de-camp en conterait à la femme de son... Bah! bah! bah!.. Ça se voit.

## SCÈNE V.

FRÉMICHON, LE GÉNÉRAL.

LE GÉNÉRAL, à part, entrant de la droite.

Ah! ma foi, Fanny sera contente... (Haut.) Eh! c'est Frémichon!.. Bonjour, mon ami... Parbleu! je quitte à l'instant votre premier clerc.

FRÉMICHON, à part.

Ce pauvre Général!.. Une si belle tête!

LE GÉNÉRAL.

M^me Frémichon?...

FRÉMICHON.

Merci... elle se porte à merveille... (Se reprenant.) c'est-à-dire, elle est malade... elle a des nerfs, ma Rosalie... Elle vient de sortir pour aller, je crois, chez sa tante... Je devais l'accompagner : c'est pourquoi Cabassol... (S'interrompant.) Il vous a remis l'acte?

LE GÉNÉRAL.

Le voici.

FRÉMICHON.

Très bien... J'ai voulu vous en parler moi-même... Est-ce vous qui signez le bail?

LE GÉNÉRAL.

Non, pas moi, mais celle pour qui il est fait.

FRÉMICHON.

C'est une surprise que vous lui ménagez?

LE GÉNÉRAL.

Oui, et j'ai compté sur votre discrétion.

FRÉMICHON, à part.

Diable! (Haut.) Vous avez bien fait... Ça lui fera plaisir.

LE GÉNÉRAL.

Ah! c'est que j'en suis fou!

FRÉMICHON.

Parbleu! elle est si jolie!

LE GÉNÉRAL.

Délirante, mon cher!

FRÉMICHON.

Des yeux si...

LE GÉNÉRAL.

Si coquins!

FRÉMICHON, étonné.

Ah bah!.. Une conversation si...

LE GÉNÉRAL.

Si gaillarde!

FRÉMICHON.

Ah bah!.. ah bah!.. Une grace...

LE GÉNÉRAL.

Et puis, un jarret d'enfer!

FRÉMICHON.

Hein?

LE GÉNÉRAL.

Vous l'avez vu?..

FRÉMICHON, stupéfait.

Le jarret de M^me la générale!

LE GÉNÉRAL.

De ma femme?.. Ah ça! êtes-vous fou?

FRÉMICHON.

De qui diable parlez-vous donc?

LE GÉNÉRAL.

De Fanny... la petite danseuse.

FRÉMICHON.

La petite danseuse?

LE GÉNÉRAL.

Parbleu!

FRÉMICHON.

Vous l'aimez?

LE GÉNÉRAL.

J'en perds la tête!

FRÉMICHON.

Et cette maison...

* Caroline, Gaston, Frémichon.
** Frémichon, Gaston.

LE GÉNÉRAL.

Est pour elle... Est-ce que vous croyiez...

FRÉMICHON.

Que c'était pour Madame.

LE GÉNÉRAL.

Ah! ah! ah!

FRÉMICHON.

Ah! ah! ah!

LE GÉNÉRAL.

Alors, je conçois... la conversation gaillarde... Ah! ah! ah!

FRÉMICHON.

Et le jarret... Ah! ah! ah!.. (Cessant de rire tout-à-coup.) Eh quoi! volage, infidèle à votre femme!.. pour Mlle Fanny!

LE GÉNÉRAL.

Elle est si gaie, si folle!.. à table surtout, où elle me tient tête... que je me laisse acoquiner, et je lâche la maison de campagne... gratis... Elle me paie en espérances, et s'acquitte peut-être avec quelque moustache blonde de l'avant-scène... (Avec colère.) Ah! si je le croyais!..

FRÉMICHON.

Tant mieux! bravo! ce serait bien fait!.. Vous trompez ici, et vous craignez d'être là-bas...

LE GÉNÉRAL.

Hein?

FRÉMICHON.

Et peut-être même... Tenez, Général, vous comptez sur mon amitié... n'est-ce pas?

LE GÉNÉRAL.

Comme vous pouvez compter sur la mienne.

FRÉMICHON.

D'ailleurs, entre maris, on se doit aide et assistance.

LE GÉNÉRAL.

Esprit de corps, esprit militaire... Au besoin, je n'y manquerais pas.

FRÉMICHON.

J'y compte, et je commence... Général, vous avez une femme jeune, jolie, spirituelle autant pour le moins que votre Fanny... qui a plus de grace, plus de ballon, plus de pointes, c'est possible... je ne dis pas... Mais, prenez garde, si la générale se doutait seulement... elle penserait à vos cinquante-quatre ans, et...

LE GÉNÉRAL, légèrement.

Allons donc! mon cher ami, je suis tranquille de ce côté-là... D'ailleurs, ma femme est un ange, que j'aime cent fois mieux... Mais autrement... et pour empêcher qu'elle n'ait un soupçon, un chagrin... je donnerais!.. Mais ne parlons pas de cela. Allez faire signer cet acte à l'autre... à ma sylphide... rue de Provence, 20.

FRÉMICHON, avec pruderie.

Comment! moi, un notaire royal... chez...

LE GÉNÉRAL, riant.

Bon! n'avez-vous pas peur qu'elle vous dévore... avec vos minutes?

FRÉMICHON.

Par exemple!.. (Riant.) Et même, tenez, en y pensant, je n'en suis pas fâché... Je ne suis pas comme mes jeunes confrères, qui donnent dans les jetés battus, les pirouettes et autres faux pas... Je connais peu ce monde-là... et je suis curieux de voir ça de près... au jour... sans rouge et sans maillot... C'est une petite débauche, qui me ragaillardira.

LE GÉNÉRAL.

Voyez-vous ça! vieux bambocheur! (Gravement et en l'imitant.) Prenez garde, si Mme Frémichon se doutait seulement... elle penserait peut-être...

FRÉMICHON.

Rosalie?.. allons donc! mon cher ami: je suis tranquille de ce côté-là. (Par réminiscence.) Ah! ce bail... le semestre d'avance.

LE GÉNÉRAL, tirant son portefeuille de sa poche.

C'est juste... j'ai là, dans mon portefeuille... (Au moment d'ouvrir le portefeuille, il trouve une lettre sous sa main.) Qu'est-ce que c'est que ça?

FRÉMICHON, qui va prendre sa canne et son chapeau, sur la table à gauche.

Voyons, dépêchons... C'est 1,500 francs.

LE GÉNÉRAL, jetant les yeux sur le contenu du billet.

Voilà qui est étrange!

FRÉMICHON, se rapprochant.

Quoi donc?

LE GÉNÉRAL, cachant la lettre.

Rien, rien... (D'un air indifférent.) Dites donc, Frémichon, tout à l'heure, en me parlant de ma femme, vous n'aviez pas de soupçons sur quelqu'un?

FRÉMICHON.

Non, pas précisément... (A part.) Je n'en suis pas assez sûr... (Haut.) Je me disais seulement: elle est vive, et l'idée de se venger... Les femmes ont quelquefois de ces idées-là... (Le général le regarde.) C'est 1,500 francs.

LE GÉNÉRAL, préoccupé.

Tenez...

FRÉMICHON.

Adieu, Général... je vais chez Fanny! (Boutonnant son habit, mettant son chapeau de côté et faisant tourner sa canne.) Je vais chez Fanny!

(Il sort en se dandinant, laissant le Général tout interdit.)

## SCENE VI.

LE GÉNÉRAL, seul.

En voilà bien d'une autre!.. Cette lettre!.. d'où vient-elle?.. comment se trouve-t-elle là, dans ma poche?.. Je l'aurai sans doute prise avec d'autres papiers, avec mon portefeuille... mais où?.. qui a pu écrire ces mots?.. à qui s'adressent-ils? (Lisant la lettre.) « Éloignez le maître. » il faut que je vous parle. » Écriture inconnue... Mais, encore un coup, où ai-je trouvé ce billet?. serait-ce chez ma... chez ma femme!.. Oh! non, non... ce serait d'une audace!.. (Vivement.) N'est-ce pas plutôt chez Fanny, que, ce matin, sans m'en apercevoir, j'aurai pris... Chez Fanny!.. Chez ma femme!.. (Marchant avec agitation.) Oh! ce doute est affreux!.. car, quelle que soit la vérité, la trahison est quelque part!.. On veut m'éloigner... De quel côté?.. où est le danger?.. où faut-il courir?

Air de Turenne.

C'est chez Fanny, chez la perfide...

(S'arrêtant.)

Mais si ma femme m'a trahi...
Non, non! au diable la sylphide!
Ma foi, je ne sors plus d'ici.
Plus d'un grand exemple l'atteste,
Les maris, comme les guerriers,
Doivent d'abord défendre leurs foyers...
Puis, leur conquête... s'il en reste!

FERNAND, en dehors.

Tiens! vous voilà rentré?

LE GÉNÉRAL.

Ah! mes aides-de-camp!.. Si c'était... (Regardant le billet.) Non... ce n'est l'écriture d'aucun d'eux... et à moins qu'elle ne soit contrefaite... car tout est possible... (Furieux.) Ah! morbleu! je ne serai le jouet de personne... je saurai...

## SCÈNE VII.

LE GÉNÉRAL, FERNAND, GASTON.

GASTON.

Le Général!

(Ils se découvrent tous deux et s'approchent.)

LE GÉNÉRAL.

Vous voilà, Messieurs!.. D'où venez-vous?.. (Ils hésitent.) D'où venez-vous donc?

FERNAND.

Mon Dieu! Général, de m'acquitter de votre commission... et je vous apporte...

(Il présente un coupon de loge.)

LE GÉNÉRAL.

Quoi?.. Qu'est-ce que c'est?

FERNAND, étonné.

Eh! mais, le coupon de la loge que vous m'avez chargé de louer... (Bas.) pour...

LE GÉNÉRAL, brusquement.

Je vous remercie... je n'en ai que faire... je n'en veux plus... Vous vous êtes bien pressé!

FERNAND, à part.*

Tiens! tiens!

LE GÉNÉRAL.

Et vous, M. de Vassy, qu'est-ce que vous tenez là?

GASTON.

De la musique, que M^me la générale m'avait ordonné de...

LE GÉNÉRAL.

Ah! oui, je me souviens... (Riant forcément, avec ironie.) De la musique, des quadrilles, des galops!.. jolie commission, pour un officier de cavalerie!.. Je vous en fais mon compliment!

GASTON, à part.

Qu'est-ce qu'il a donc, aujourd'hui?

FERNAND.

Général, je crains que nous ne vous ayons dérangé, et nous allons...

LE GÉNÉRAL, se calmant.

Non, non, demeurez, Messieurs... Au fait, je vous ai reçus un peu brusquement.

GASTON et FERNAND.

Ah! Général!

LE GÉNÉRAL.

Vous savez que ce n'est pas mon habitude... que je suis un bon enfant... Mais il y a de ces choses, qui vous arrivent comme un boulet de canon... et ça vous retourne un peu.

GASTON.

Ah! Général, vous savez que, Fernand et moi, nous nous ferions tuer pour vous.

LE GÉNÉRAL, avec humeur.

Eh! Monsieur...

FERNAND.

Quelque contrariété, peut-être...

LE GÉNÉRAL, se calmant.

Pas autre chose... un enfantillage, une bêtise... Mais, mettez-vous à ma place... qu'un vieux sabreur comme moi... à qui on ne se frotte pas volontiers, qui tient en respect les freluquets... apprenne, là, tout-à-coup, qu'on a osé lever les yeux sur... (Les observant.) sur une personne qui lui est chère!..

GASTON, à part.

Ciel!

FERNAND, à part.

Que dit-il!

LE GÉNÉRAL, à part.

Ah! diable! ils ont tressailli tous les deux!.. (Haut.) Qu'on a osé lui écrire...

GASTON et FERNAND, vivement.

Qui donc, Général?

LE GÉNÉRAL, à part.

Calmes, tous les deux!..

CAROLINE, en dehors.

Faites avancer la voiture.

LE GÉNÉRAL.

Silence!.. (A part.) Que ma femme ne se doute pas...

## SCÈNE VIII.

LES MÊMES, CAROLINE, en toilette, entrant de la gauche.*

LE GÉNÉRAL, prenant un air enjoué.

Oh! oh! quelle charmante toilette!.. Pour qui ça, s'il vous plaît, chère amie?

CAROLINE.

Pas pour vous... qui me laissez sortir seule... (Jetant un regard sur Gaston.) Et à moins que je ne rencontre à la promenade quelqu'un qui veille sur moi à votre place...

GASTON, à part, avec joie.

Elle consent!..

LE GÉNÉRAL, vivement.

A ma place!.. Non pas, je ne la cède à personne!..

CAROLINE.

Comment!.. Mais cette affaire importante qui vous empêchait...

*Fernand, le Général, Gaston.

* Fernand, Caroline, le Général, Gaston.

LE GÉNÉRAL, avec entraînement.

Au diable les affaires !.. Tu es trop jolie ! ce chapeau te va trop bien !.. Je veux me montrer près de toi... je veux faire des jaloux... je veux que tous les *sportmen* du Bois en crèvent de dépit !... (Avec fierté.) C'est ma femme !... (A part.) Pourvu que pendant ce temps-là, Fanny...

FERNAND, à part.

Ah çà ! à qui en a-t-il donc, le général ?

LE GÉNÉRAL.

C'est mon bien !.. (A part.) C'est qu'ils sont deux ou trois qui tournent autour d'elle, et il se pourrait...

GASTON, à part.

Quel retour !

LE GÉNÉRAL.

C'est mon trésor ! c'est ma gloire !.. Viens, chère amie, partons !..

CAROLINE, stupéfaite.

Pas possible !

GASTON, à part, tristement.

Il sort avec elle !

FERNAND, à part, gaîment.

Quel bonheur !.. A moi le champ libre !

CAROLINE, avec joie.

Quoi ! vrai ?.. vous m'accompagnez ?.. A la bonne heure, donc !.. A une condition... c'est que vous ne brûlerez pas le pavé, comme à l'ordinaire... Quand vos chevaux nous emportent ainsi, j'ai toujours une peur !.. Mais c'est égal, vous venez !.. Vous êtes aimable ! vous êtes gentil !.. Oh ! je suis enchantée !.. (Voyant Gaston triste et pensif. A part.) Pauvre jeune homme !.. Dame ! c'est mon mari.

LE GÉNÉRAL.

Viens-tu ?.. Adieu, Messieurs...

(Il prend le bras de sa femme, à qui Fernand présente son ombrelle.)

CAROLINE, occupée de Gaston.

Merci, M. Fernand... Ces Messieurs ne sortent pas... aujourd'hui... à cheval ?..

LE GÉNÉRAL, vivement.

Non, non... J'attends des dépêches... Je désire que ces messieurs restent ici... tous les deux... (A part.) Comme ça, je serai bien sûr...

AIR : Allons, allons, de la philosophie.

Ne perdons pas un instant, je t'en prie ;
J'entends déjà ces mots autour de nous :
« Qu'il est heureux ! que sa femme est jolie !.. »
Et je rirai du dépit des jaloux !

CAROLINE, à part.

Quelle gaîté tout-à-coup le transporte !

(Regardant Gaston.)

Mais, par ici, que l'on est soucieux !
Pauvre Gaston !.. Comment donc faire en sorte
Que tout le monde à la fois soit heureux ?

REPRISE ENSEMBLE.

CAROLINE.

Auprès de moi, dans son âme ravie,
Il espérait remplacer mon époux ;
Mais du bonheur que tout bas il envie,
A-t-il le droit de se montrer jaloux !

LE GÉNÉRAL.

Ne perdons pas, etc.

GASTON, à part.

Un mot tombé de sa bouche chérie
M'avait flatté de l'espoir le plus doux !
Et ce bonheur, que sans cesse j'envie,
Il m'est encor ravi par son époux !

FERNAND.

Pour ma Fanny, ma danseuse chérie,
J'avais grand'peur de ses soupçons jaloux ;
Mais il nous laisse, et mon âme ravie
S'ouvre à l'instant à l'espoir le plus doux !

(Le général et Caroline sortent au fond.)

## SCÈNE IX.

GASTON, FERNAND.

FERNAND.

Enfin, les voilà partis !.. (A part.) Par exemple, si je reste !..

GASTON.

Enfin, nous voilà seuls !.. (A part.) Ah ! j'étouffe !.. Cette lettre... de qui donc ?..

FERNAND.

Ah ! mon cher Gaston, quelle peur j'ai eue !

GASTON, le regardant avec inquiétude.

Vous !.. Et pourquoi ?

FERNAND.

Vous ne comprenez pas ?.. Les soupçons du général...

GASTON, de même.

Eh bien ! ses soupçons ?.. (A part.) J'en tremble encore !..

FERNAND.

J'ai cru un moment qu'il avait deviné mon amour...

GASTON, se contraignant.

Votre amour !.. Ah ! vous aimez... quelqu'un ? Mais qu'importe au général ?..

FERNAND.

Comment ! que lui importe ?.. Mais il me semble qu'il lui importe... diablement !..

GASTON, avec effroi.

Ah ! mon Dieu ! c'est donc vrai !.. vous l'aimez... elle !..

FERNAND.

De toute mon âme !..

GASTON, à part.

Voilà ce que je craignais... (Haut.) Mais elle ne vous aime pas ?..

FERNAND.

Au contraire... de tout son cœur !..

GASTON, tremblant.

Fernand !.. vous... vous en êtes sûr ?..

FERNAND.

J'en ai la preuve...

GASTON.

C'est impossible !

FERNAND, riant.

Ah çà ! mais qu'est-ce qui vous prend donc ? Puisque je vous dis que j'en ai la preuve. (Avec une fatuité comique.) La seule que j'admette en pareil cas.

GASTON.

Monsieur !.. Monsieur !..

FERNAND.

Eh bien ! quoi ?.. quoi... Monsieur ?.. Est-ce que vous devenez fou, avec votre air de mélodrame ?..

GASTON.

Je vous dis que c'est une calomnie !.. que vous outragez sa vertu !..

FERNAND.

Sa vertu ?.. Ah! ah! ah!.. Une vertu en maillot, qui fait des ronds de jambe !.. Bravo pour le mot, bravo !.. Ah! ah! ah!..

GASTON, interdit.

Comment! celle que vous aimez ?..

FERNAND.

Vous n'y êtes pas ?.. La petite...

GASTON.

Fanny !..

FERNAND.

Et qui donc ?

GASTON, l'embrassant.

Ah ! mon ami !.. Ah! mon cher Fernand !.. quelle frayeur vous m'avez faite !..

FERNAND.

Bon !.. Vous aussi?.. Et en quoi?..

GASTON.

C'est que cet amour... Je croyais... j'avais compris...

FERNAND.

Quoi donc ?..

GASTON.

Oh ! non ! j'avais tort d'être jaloux !..

FERNAND.

Jaloux !.. De qui ?..

GASTON.

Vous ne l'aimez pas... je ne vous en veux plus... je ne crains rien.

FERNAND.

Ah ! Dieu ! j'y suis... La générale !..

GASTON.

Taisez-vous ! taisez-vous !..

FERNAND.

Vous aviez peur, vous étiez jaloux... Est-ce que ?.. Oui, c'est cela... vous l'aimez...

GASTON, vivement.

Je n'ai pas dit...

FERNAND.

Si fait ! si fait !.. Contez-moi donc ça.

GASTON.

Fernand, au nom du ciel ! ne parlez jamais à personne...

FERNAND.

Parbleu !.. Moi, d'abord, je suis d'une discrétion !.. Mais entre amis, entre camarades... Est-ce que je vous fais mystère de mes amours avec Fanny ?.. Un ange ! mon ami... un sylphe! un lutin !.. (Lui prenant le bras.) Vous, mon cher, voyons donc... vous aimez la générale, n'est-ce pas ?..

GASTON.

O ciel ! si on vous entendait !.. Je l'aime... oh ! oui... comme un insensé !.. Depuis le premier jour que je la vis, je ne vis plus qu'elle ! je n'aimai plus qu'elle au monde !.. Mais je vous jure que mon respect...

FERNAND.

Eh bien ! oui... un amour respectueux, qui vit d'espérance, et se soutient avec ça... C'est maigre... Ce n'est pas mon genre... Mais, chacun son goût... Soyez heureux à votre manière.. Pauvre ami !.. Seulement, il ne faut pas écrire, c'est imprudent, et vous avez eu tort...

GASTON, étonné.

Moi ?.. mais non...

FERNAND.

Ah bah !.. Et cette lettre, dont parlait tout à l'heure le général ?..

GASTON.

C'est de vous, sans doute... à la petite.

FERNAND.

Du tout !.. Oh ! les billets d'amour, c'est comme les lettres de change... ça compromet... Je n'écris jamais, je parle... Sur ce, mon cher, moi, qui entends le bonheur autrement que vous, je cours chez Fanny !.. (Lui montrant un petit portefeuille de nacre.) Tenez, ce bijou que j'ai reçu ce matin...

GASTON.

D'elle ?..

FERNAND.

Parbleu !.. un portefeuille de 15 francs, auquel je riposterai par un cadeau de mille écus... Hein ! comme j'entends les affaires !.. Si j'achète un château sur mes économies, moi !.. Mais, voyez ce mot : *Souvenez-vous* !.. C'est-à-dire : N'oubliez pas que je vous attends !..

GASTON.

Aujourd'hui ?..

FERNAND.

Ce matin !.. Ce brave général me laisse le champ de bataille !..

GASTON.

Vous êtes bien heureux, vous !

FERNAND.

C'est juste... Il accompagne sa femme... et vous comptiez peut-être... Plus tard, il accompagnera l'autre... et... Ainsi va le monde : chacun son tour...

AIR : Vaud. de l'Apothicaire.

Adieu, je pars... Fanny m'attend...
De son cœur je veux rester maître,
Et, si je tardais d'un instant,
J'arriverais trop tard peut-être.
Une sylphide, on sait cela,
A s'envoler est si facile !..
Elle a des ailes d'opéra,
Dont elle se sert à la ville.

(Il sort en courant par le fond.)

## SCÈNE X.

GASTON, seul.

Je me trompais, j'étais fou! Ce n'est pas elle qu'il aime!... c'est l'autre... comme il dit!... Eh bien! tant mieux! qu'il la prenne, qu'il l'enlève au général... et ce sera bien fait... (Avec indignation.) Tromper, trahir la plus adorable femme!... Et pour qui?... Cela crie vengeance!... Aussi, moi, qui étais si timide, qui souffrais... qui osais à peine... Oh! j'oserai lui parler... Pauvre petite femme! qu'on sacrifie indignement... Je puis l'aimer... je le dois!... je donnerais ma vie pour elle! (Écoutant.) Ciel! quelqu'un!... La voiture qui rentre, déjà!... Je vais la revoir!... (Regardant au fond.) Oh! le joli pied! quelle taille charmante!... Mon Dieu! mon Dieu! comme mon cœur bat!

## SCÈNE XI.

CAROLINE, GASTON.

CAROLINE.

M. Gaston!

GASTON.

Ah! Madame!... C'est vous, enfin, et je puis...

CAROLINE.

Silence!... et sortez... voici le général!

GASTON.

Eh! mais, quel effroi!

CAROLINE.

En partant, il me parlait de vous avec un air... Il a des soupçons... il sait votre secret...

GASTON.

Mon secret!

CAROLINE.

Que je ne connais pas... que je ne veux pas connaître... Heureusement, un accident burlesque, arrivé à notre voiture...

GASTON.

Grand Dieu! un accident!

CAROLINE.

Oh! rien!... une rencontre, qui a rendu à mon mari sa bonne humeur... Tenez, entendez-vous... ces éclats de rire?... Mais, s'il vous retrouve ici, ses mauvaises idées reviendront; vous vous trahirez en sa présence... car vos regards... votre trouble... Et moi-même...

(On entend rire le général en dehors.)

GASTON.

Vous, grand Dieu!..

CAROLINE.

Vous voyez bien... cette émotion!.. Le voici! partez!

GASTON.

Oui... oui...

CAROLINE.

Oh! je vous en prie!...

(Gaston sort à droite.)

## SCÈNE XII.

CAROLINE, LE GÉNÉRAL.

LE GÉNÉRAL.

Ah! ah! ah! c'est charmant! c'est délicieux!.. J'en ris encore!...

CAROLINE.

Mon Dieu! vous qui, en partant d'ici, étiez si maussade, si distrait, malgré mes efforts pour vous égayer... il a suffi de ce malencontreux accident...

LE GÉNÉRAL.

Pour me faire éclater de rire... C'est vrai... j'avais des idées noires... jaunes... comme tu voudras... Ma foi, cette aventure est venue à propos...

CAROLINE.

Je ne vois cependant là rien de risible.

LE GÉNÉRAL.

Allons, allons... c'est que tu y mets de la mauvaise volonté... Parbleu! j'ai eu peur, comme toi, quand mes deux coquins d'alezans, mis au galop dans la grande avenue des Champs-Elysées...

CAROLINE.

Selon votre habitude!

LE GÉNÉRAL, continuant.

Ont culbuté cette petite et mystérieuse voiture de place à stores rouges, qui cheminait lentement... Patatras!... sur le flanc... J'ai cru tout brisé!... Je m'élance, avec Joseph, mon valet de chambre... je cours à la voiture culbutée, pour dire aux gens que j'avais mis sens dessus dessous : Ça vous va-t-il bien?... ça ne vous blesse-t-il pas? Et qui est-ce que je vois sortir de la portière, la tête la première, rouge, les yeux écarquillés, et les lunettes sur le nez... de travers!... Ah! ah! ah!

CAROLINE, riant malgré elle.

Ah! ah! ah!.. Le fait est qu'il avait une figure à peindre, ce pauvre jeune homme!

LE GÉNÉRAL.

Infortuné Cabassol!... En m'apercevant, il rentre dans son trou, à moitié mort de peur... Et alors, je m'aperçois qu'il n'était pas seul... Quel tableau!... au fond de la caisse et respirant un flacon de vinaigre, une belle dame!... Pauvre petite!... Le cocher et les témoins ont eu toutes les peines du monde à la hisser hors de son coupé à 1 franc 25 centimes.

CAROLINE, avec reproche.

Ah! M^me^ Frémichon!

LE GÉNÉRAL.

Sa conduite pouvait être légère... mais quant au reste, non... Ah! ah! ah!

CAROLINE.

Elle ne nous a pas vus?... j'y compte bien.

LE GÉNÉRAL.

Oh! nous y avons mis de la délicatesse... Notre voiture avait rebroussé chemin, et c'est par le carreau du fond que j'ai vu... Ah! ah! ah!.. Ce pauvre Frémichon! qui, ce matin, me donnait des conseils!...

CAROLINE.

Pourquoi donc?...

LE GÉNÉRAL.

Rien, rien... J'ai promis que je le préviendrais.

CAROLINE.

Oh! vous ne le préviendrez pas!

LE GÉNÉRAL.

Si fait!... Permettre qu'il conserve dans son étude... Ah! fi donc!... ce serait immoral.

CAROLINE.

Comment! vous oseriez...

LE GÉNÉRAL.

Sois tranquille... je lui donnerai des craintes seulement.... et encore je lui glisserai ça en douceur... la pillule est dure à avaler.

CAROLINE.

Mais vous n'y pensez pas...

LE GÉNÉRAL.

Si, morbleu!... Il m'a promis, de son côté...

CAROLINE.

Quoi donc?...

LE GÉNÉRAL.

Rien, rien... (A part.) Avec ses idées... je suis bien aise...

UN DOMESTIQUE, annonçant.

M. Frémichon!...

CAROLINE, vivement.

Ah! qu'il n'entre pas,..

LE GÉNÉRAL.

Si fait! c'est le ciel qui l'envoie!.. Tu vas voir.

CAROLINE.

Pas du tout... je ne veux pas être là quand vous lui direz...

LE GÉNÉRAL.

Comme tu voudras... (Au domestique.) Faites entrer.

CAROLINE, à part.

C'est égal.... je suis curieuse de savoir comment un mari prend cela...

(Elle sort à gauche.)

LE GÉNÉRAL.

Je l'entends!

CAROLINE.

Je me sauve!

(Elle sort à gauche.)

## SCENE XIII.

### LE GÉNÉRAL, FRÉMICHON.

FRÉMICHON, s'arrêtant à la porte.

Il est seul!

LE GÉNÉRAL, sur le devant, sans se retourner.

Le voici!.. Ça me fend le cœur, mais j'ai juré...

FRÉMICHON.

Il va être furieusement vexé, mais j'ai promis. (Haut.) Hum! hum!

LE GÉNÉRAL.

Eh! c'est vous? (Il se détourne pour rire; Frémichon en fait autant. Tristement.) Bonjour, mon cher notaire...

FRÉMICHON, d'un air piteux.

Bonjour, mon cher général. (A part.) Ayez donc des aides-de-camp!

LE GÉNÉRAL, à part.

Ayez donc des maîtres-clercs! (Haut.) Je suis enchanté que... parce que... enfin... (A part.) Diable! c'est plus difficile que je ne pensais... Quand on veut dire... sans dire...

FRÉMICHON.

Permettez, Général, ce qui me ramène...

LE GÉNÉRAL, à part.

C'est un pressentiment malheureux!

FRÉMICHON.

C'est une chose toute particulière, que j'ai à vous dire.

LE GÉNÉRAL.

A moi?... Eh bien! moi aussi, Frémichon, j'ai à vous parler d'une chose toute particulière.

FRÉMICHON.

Bah!... Alors, commencez... (A part.) Il sera toujours assez temps...

LE GÉNÉRAL.

Non, commencez, vous... (A part.) En attendant, ça me viendra peut-être.

FRÉMICHON.

Oui, vous avez raison... ce que vous avez à me dire ne peut avoir autant d'intérêt...

LE GÉNÉRAL.

Si fait, mon ami, si fait... mais c'est égal, allez.

FRÉMICHON, poussant un gros soupir.

Ah!

LE GÉNÉRAL.

Drôle de début!

FRÉMICHON, lui prenant la main.

Je vous l'avais prédit... à peu près... (Mouvement du général.) Vous me promettez d'être calme, de ne pas vous emporter?...

LE GÉNÉRAL.

Moi?...

FRÉMICHON.

Dans ce bas monde, hélas! il n'est pas de position où l'on soit à l'abri... de certains désagrémens...

LE GÉNÉRAL.

Hein! (A part.) Le diable m'emporte! il a l'air de me plaindre.

FRÉMICHON.

Mais on a des amis... des amis dévoués... clairvoyans...

LE GÉNÉRAL.

Ah! ça, mon cher... (A part.) Qu'est-ce qu'il a donc?...

FRÉMICHON.

Qui ont le courage de dire la vérité... toute la vérité.

LE GÉNÉRAL.

Ah! pour le coup... il se moque de moi!

FRÉMICHON.

Qui ne laisseront pas tromper, baffouer... (Lui secouant la main.) un honorable...

LE GÉNÉRAL, l'interrompant.

Eh! morbleu, parlez pour vous!... Qu'est-ce que vous venez donc me chanter?

FRÉMICHON.

Chanter!... mais, non!

LE GÉNÉRAL.

Allons donc, vous êtes fou!

FRÉMICHON, s'emportant.

Ah! c'est comme cela! Ah! voilà comme vous me recevez!... quand je m'épuise à prendre des précautions!... Eh! au fait, je suis bien bon!

LE GÉNÉRAL.

C'est moi qui suis trop bon d'y mettre des ménagemens.

FRÉMICHON, éclatant.

Que m'importe, à moi, qu'on vous trompe, qu'on se moque de vous, qu'on vous fasse?... Voilà le mot lâché!

LE GÉNÉRAL, riant.

Ah! ah! ah!... C'est vous qu'on trompe, c'est de vous qu'on se moque, c'est vous qu'on fait...

FRÉMICHON.

Moi?... Ah! ah! ah!... Qu'on vous enlève votre Fanny...

LE GÉNÉRAL.

Hein?

FRÉMICHON.

Ça m'est bien égal!

LE GÉNÉRAL.

Fanny!

FRÉMICHON, remontant la scène.

Bonsoir!

LE GÉNÉRAL, le retenant.*

Vous ne sortirez pas!... Fanny!... qu'est-ce que vous dites?...

FRÉMICHON.

Non, je n'ai pas rencontré chez elle, tout à l'heure...

LE GÉNÉRAL.

Pendant que je rencontrais votre femme aux Champs-Elysées!... (Se reprenant.) Aïe!..

FRÉMICHON, effrayé à son tour.

Hein! ma femme! aux Champs-Elysées!... Quoi? quoi?...

LE GÉNÉRAL.

Qu'est-ce que vous savez de Fanny?..

FRÉMICHON.

Qu'est-ce que vous disiez de ma femme?..

LE GÉNÉRAL.

Non! non!...

FRÉMICHON.

Si! si!..

LE GÉNÉRAL, frappant du pied.

Morbleu! vous ne saurez rien, si vous ne parlez pas le premier!...

FRÉMICHON.

Eh bien! vous savez... (S'interrompant.) Ma femme!

LE GÉNÉRAL.

Je sais...

FRÉMICHON.

Que je vous avais quitté pour aller...

LE GÉNÉRAL.

Chez Fanny, pour ce bail.. Après?... après?..

FRÉMICHON.

J'arrive... On m'introduit... (S'interrompant.) Aux Champs-Élysées!..

* Frémichon, le Général.

LE GÉNÉRAL.

On vous introduit?..

FRÉMICHON.

Dans un salon... un petit salon tendu...

LE GÉNÉRAL.

De damas bleu, je sais... Je sais même le prix... Continuez...

FRÉMICHON.

On me dit d'attendre... J'allais m'asseoir, lorsque j'entends des éclats de rire dans une pièce voisine... Parbleu! me dis-je, elle est sans doute avec quelque camarade de l'Opéra... ça doit être drôle... J'applique mon œil au trou de la serrure... Je crois voir un uniforme... de ma connaissance.

LE GÉNÉRAL.

Un uniforme!

FRÉMICHON.

Reculant d'un pas, je tends de nouveau le cou... ce qui me plaçait dans une position sémi-horizontale... (Il figure la posture.) Mais je glisse sur le tapis, ma tête va frapper la porte, qui s'ouvre tout-à-coup, et je tombe au milieu du boudoir... Fanny pousse un cri... et l'uniforme... que j'ai vu ici... se jette derrière un rideau... A vous!

LE GÉNÉRAL, de même.

Quel uniforme?

FRÉMICHON, criant plus fort.

Un de vos aides-de-camp!.. A vous!

LE GÉNÉRAL, criant.

Mais, lequel? lequel?

FRÉMICHON, de même.

Est-ce que je sais?.. est-ce que j'ai eu le temps de le reconnaître?.. J'ai eu à peine celui de me ramasser... Elle m'a entraîné dehors... elle a pris le bail... et... et me voilà... A vous!

LE GÉNÉRAL, au comble de la fureur.

Un de mes aides-de-camp!

(Il remonte la scène.)

FRÉMICHON.

Où allez-vous?

LE GÉNÉRAL.

Chez Fanny!

FRÉMICHON.

Et moi?.. Et ma femme?.. Et les Champs-Élysées?

LE GÉNÉRAL.

Plus tard!

FRÉMICHON.

Mais il faut que je sache...

LE GÉNÉRAL.

Laissez-moi!

FRÉMICHON, se jetant devant la porte.

Vous ne sortirez pas!.. Je me cramponne à vous! (Le ramenant.) Ma femme!.. Dites...

LE GÉNÉRAL, très vite, et en le ramenant.*

Eh bien! votre femme, je l'ai rencontrée avec un de vos aides-de-camp...

FRÉMICHON.

De mes...

LE GÉNÉRAL.

De vos clercs!

* Le Général, Frémichon.

FRÉMICHON.

Dieu!

LE GÉNÉRAL.

Dans une citadine...

FRÉMICHON.

Lequel?

LE GÉNÉRAL.

N° 918.

FRÉMICHON.

Ah! le brigand!

LE GÉNÉRAL.

La perfide!

FRÉMICHON.

Infidèle Rosalie!.. Mais écoutez donc...

LE GÉNÉRAL, le repoussant.

Au diable!.. Je me vengerai!

FRÉMICHON.

Je leur ferai un procès!..

LE GÉNÉRAL.

Je les tuerai tous deux!

FRÉMICHON.

Dix-huit mois de prison!

(Ils sortent tous deux précipitamment; arrivés sur le seuil de la porte, ils se heurtent, et, le choc les séparant, ils courent chacun de son côté.)

## SCÈNE XIV.

CAROLINE, seule.

(Elle sort de sa chambre à gauche dans la plus grande agitation.)

Oh! j'avais deviné, ce matin!.. Oui, j'étais trompée... trahie!.. Et pour cette danseuse!.. Ah! général, c'est une indignité! Moi qui, jeune, recherchée, l'avais choisi malgré son âge, malgré... (S'essuyant les yeux avec colère.) Je pleure, je crois!.. Non! je ne veux pas pleurer... Ce serait une lâcheté à moi!.. Il me trahit... (Se promenant avec dépit.) Oh! ces affaires importantes qui l'éloignaient toujours de moi... Ce bail... cette maison de campagne... Je comprends tout!.. C'était pour elle!.. Et moi, qui étais fière de son amour! moi, qui l'aimais avec tant de confiance... Moi qui refusais d'entendre...

## SCÈNE XV.

CAROLINE, GASTON.

GASTON, au fond, entrant de la droite, à part.

Elle est seule!..

CAROLINE.

Mon Dieu! mon Dieu! est-ce que tous les hommes sont de même?.. Est-ce que...

GASTON, approchant.

Du courage!

CAROLINE, l'apercevant.

Ah! M. Gaston!

GASTON.

Pardon, Madame, si j'ose...

CAROLINE.

Oui, venez... venez, M. Gaston... Vous savez tout, vous devez tout savoir... Oh! ne me cachez rien... dites-moi tout...

GASTON.

O ciel! quelle agitation!

CAROLINE.

Je sais... J'ai entendu... Il me trompe... depuis long-temps, n'est-ce pas?..

GASTON.

Madame...

CAROLINE.

Et pour une... pour une... Mais, parlez donc! (Déchirant son mouchoir en le froissant.) Je suis calme... vous voyez... je puis tout entendre... Dites, dites...

GASTON.

Moi, Madame, je ne sais rien... je n'ai rien vu.

CAROLINE.

Rien?.. Vous êtes bon et généreux, vous... Mais quand je vous dis que j'ai tout entendu... Il me sacrifie à cette Fanny... (Mouvement de Gaston.) Frémichon sortait de chez elle, où il a rencontré... (Le regardant avec effroi.) Ah! grand Dieu! si c'était...

GASTON.

Qui donc, Madame?..

CAROLINE.

Oh! non, non... Vous étiez ici... je vous ai trouvé en arrivant...

GASTON.

Moi! grand Dieu! vous m'avez soupçonné...

CAROLINE.

Non, non... puisque je ne le crois plus!

GASTON.

Mais, ce soupçon, qui peut renaître, ce serait votre mépris... la ruine de mes plus chères illusions!..

CAROLINE.

Je ne vous comprends pas.

GASTON.

Si fait! oh! si fait!.. Car ce matin, malgré mes efforts, mon secret m'est échappé... Mes yeux fixés sur vous, mon trouble, tout m'a trahi...

CAROLINE, voulant l'arrêter.

Gaston!

GASTON.

Grace, Madame... grace pour ce cœur qui a tant souffert en silence!.. et dont la seule ambition... oh! oui, la seule... c'est que, si jamais vous êtes malheureuse, si vous souffrez aussi à votre tour, vous vous disiez : Il m'aime lui!

CAROLINE.

Oui, oui...

GASTON.

Ce sera pour vous peut-être une consolation... pour moi, ce sera le bonheur... (Voyant qu'elle ne répond pas.) Madame! Madame!..

CAROLINE, avec émotion et une sorte de colère concentrée.

Il m'aime!.. et il me le dit!.. et je l'écoute!.. et je suis heureuse!.. Oh! la vengeance!

GASTON.

Vous ne me répondez pas?.. Vos regards se détournent de moi... Je vous ai offensée!

CAROLINE.

Non... parlez, parlez... c'est bien... (A part.) C'est indigne.

GASTON.

Ah! vous me faites grace!

CAROLINE.

Parce que vous dites vrai, vous... parce que vous ne me trompez pas...

GASTON.

Ah! plutôt mourir!.. Commandez, ordonnez, Madame, et quelle que soit la preuve que vous me demandiez de cet amour, qui est tout mon bonheur...

CAROLINE.

Vous obéirez?... Oui, oui, vous m'aimez... vous m'obéirez!

GASTON.

Avec d'autant plus de joie, que ce serait m'avouer que, cet amour, vous le partagez...

CAROLINE, comme écoutant.

Ciel!.. Eh bien! ici... tantôt...

(Elle lui tend la main.)

GASTON, la baisant avec transport.

Caroline!

CAROLINE, d'un air menaçant à part.

Le général m'a trompée!

(Elle sort précipitamment à gauche.)

## SCÈNE XVI.

GASTON; puis, FERNAND, CABASSOL.

GASTON.

Qu'a-t-elle à me demander?.. quelle preuve de mon amour... Oh! quand elle me demanderait ma vie entière!..*

FERNAND, entrant furieux, sans voir Gaston.

Ah! c'est une trahison!.. Je m'en vengerai! (Sur le devant de la scène.) Surpris comme un sot!

GASTON.

Fernand!

CABASSOL, entrant comme Fernand.**

Je suis perdu!.. Elle est déshonorée! (Sur le devant de la scène.) Pris, là, comme un imbécille!.. Comme deux imbécilles!

GASTON.

A l'autre!

FERNAND.

Ah! M. de Vassy! nous avons un compte à régler ensemble!

CABASSOL.

Ah! Messieurs, j'ai un service à vous demander... Où est le général?..

GASTON.

Ah ça!.. je vous regarde... Que diable avez-vous tous les deux?..

FERNAND.

Ce que j'ai!.. obligé de sauter par la fenêtre!..

GASTON.

Vous?..

CABASSOL.

Versé, culbuté, au beau milieu des Champs-Élysées!..

GASTON.

Ah! bah!

FERNAND.

Le diable emporte les boudoirs sans verroux!

CABASSOL.

Le bon Dieu patafiole les citadines, sylphides, lutéciennes et... (S'apercevant qu'il tient encore le cordon de la citadine, et le jetant avec fureur.) Va te promener, toi!..

FERNAND.

Pauvre Fanny! quelle situation pour elle!

CABASSOL.

Malheureuse Rosalie!.. J'ai laissé ses nerfs dans un état désastreux!.. Dans sa crise, elle a avalé tout le flacon de vinaigre!

GASTON.

Mais qu'est-ce donc?.. mais qu'est-il arrivé?..

CABASSOL.

Voilà... J'étais...

FERNAND, lui coupant la parole.

J'étais chez Fanny, vous le savez bien... je vous l'avais confié... à vous seul!.. Déjà, ce damné notaire s'était introduit dans le boudoir d'une manière... indigne d'un officier public... la tête la première.

GASTON.

Frémichon?.. Ah! ah! ah!

FERNAND, riant.

J'en ris malgré moi!

CABASSOL.

Ta, ta, ta!.. Ce n'est pas mon histoire... J'étais aux Champs-Élysées... en citadine... avec...

FERNAND, parlant toujours.

Il venait de partir... Elle reprenait ses sens... elle, Fanny...

CABASSOL, de même.

Avec Rosalie... A quoi bon le cacher, maintenant?

FERNAND, de même.

Nous étions seuls... moi, sur un coussin, à ses pieds...

CABASSOL, de même.

La calèche du général... maudite calèche!.. arrive dar, dar!.. (S'arrêtant avec impatience.) Pas moyen!..

(Il va s'asseoir avec dépit, à droite.)

FERNAND, continuant seul.

Tout-à-coup une voix se fait entendre... celle du général... Fanny pousse un cri... Je me sauve par une porte dérobée... (Il y en a plusieurs chez Fanny...) Par malheur, c'était un cabinet de toilette, sans autre issue qu'une fenêtre sur un jardin de dix pieds carrés... Et, alors, j'entends une scène!.. Le général s'emportait, jurait...

CABASSOL, s'élançant.

Le général?.. C'est un butor, qui s'est permis de regarder!.. (Interrompu par Fernand.) Quand vous aurez fini...

(Il retourne s'asseoir, avec colère.)

* Fernand, Gaston.

** Fernand, Gaston, Cabassol.

FERNAND, l'interrompant.

Fanny criait plus fort que lui... Et puis, elle a pleuré comme une Madeleine... non repentante... Ensuite, elle a cassé des porcelaines pour gagner du temps... Enfin, par une manœuvre adroite : « Avant de soupçonner ici une pauvre enfant qui vous aime, lui a-t-elle dit, allez donc voir chez vous ce qui s'y passe, et surveillez mieux vos aides-de-camp... que je ne connais pas... près de M^me la Générale. »

GASTON.

O ciel! Fernand! Fernand, vous lui avez dit!..

FERNAND.

Je lui dis tout.

GASTON.

Mais c'est indigne !.. c'est d'une indiscrétion!

FERNAND.

Parbleu ! je vous conseille de vous plaindre... vous, qui lui avez livré mon secret...

GASTON.

Moi ?..

FERNAND.

A lui ou à sa femme !

GASTON.

Pas du tout ! je vous le jure, je vous le jure sur l'honneur !.. Doutez-vous de ma parole ?..

FERNAND.

Non... Mais, alors, c'est donc ce maudit Frémichon ?..

CABASSOL, venant à eux.

Mon notaire ?.. Qu'est-e qu'il a fait, ce pauvre homme ?

(Il remonte et va s'asseoir au fond.)

GASTON.

Mais, enfin... M. de Chabran a refusé de croire...

FERNAND.

« Près de ma femme !.. Lequel, s'est-il écrié, lequel ?.. » Mais elle, pas un mot... Une fermeté de Romaine, mon cher !.. Seulement, je crois que le Général a prononcé votre nom.

GASTON.

Grand Dieu !

FERNAND.

Grand Dieu !.. Juste ! c'est le cri qui m'échappe... Le Général, à ce bruit, s'élance pour enfoncer ma porte... Ma foi, leste comme un chasseur d'Afrique, je décampe par le seul chemin qui me fût ouvert... la fenêtre... je tombe sur un carré de dahlias que j'écrase, et... me voilà.

CABASSOL, revenant.*

Et moi aussi, me voilà... tout contusionné de ma chute... (Reprenant son récit.) Accroché par la calèche de...

GASTON, à Fernand.

Le Général ne vous a pas vu ?..

CABASSOL, venant entre eux.**

Mais il m'a vu, moi !.. Et elle, elle, qu'on a retirée vivante de cette vinaigrette, en pleins Champs-Élysées !.. *coram populo* !

FERNAND.

M^me Frémichon ?..

CABASSOL.

Rosalie !

FERNAND, partant d'un éclat de rire.

Ah ! ah ! ah !.. Je devine...

CABASSOL.

Il rit !.. Vous riez de mon malheur, malheureux ?

GASTON.

Eh ! votre malheur... que pouvons-nous y faire ?

CABASSOL.

Tout, mes amis, mes collègues, tout !.. Écoutez-moi... Si le Général me livre à l'époux de Rosalie, je suis perdu !.. C'est ce qu'il faut empêcher, au prix de notre sang, Messieurs... car elle en mourrait, cette femme nerveuse !

FERNAND.

Fanny n'en mourra pas, heureusement.*

GASTON, à Fernand.

Mais Caroline ! mais sa femme !.. Ce matin, déjà, il avait sur moi des soupçons... que cette indiscrétion de Fanny aura confirmés.

FERNAND.

Ah ! diable !.. Mais c'est vous qui êtes perdu.

CABASSOL.

Voyons, aidez-moi à fléchir ce vieux militaire !

FERNAND.

Parlez pour vous, mon cher !

GASTON.

Ah ça ! mon cher, à qui en avez-vous ?.. c'est insupportable !.. Vous voyez bien que nous sommes dans l'embarras, que je suis sur des charbons !

CABASSOL.

Et moi ! et moi !.. Est-ce que vous croyez que je suis sur des roses ?

GASTON.

Chut !

FERNAND.

C'est lui !

CABASSOL, les regardant tous deux.

Hein ?.. (Voyant le général.) Oh !

## SCÈNE XVII.

LES MÊMES, LE GÉNÉRAL.**

LE GÉNÉRAL, à part.

Tous deux !

CABASSOL, s'élançant vers lui.

Ah ! général ! général !.. au nom de ce qu'il y a de plus sacré, au nom de Rosalie, qui a avalé un flacon de...

LE GÉNÉRAL, d'une voix éclatante.

Allez vous promener ! (Cabassol recule effrayé.) (Le Général s'avance lentement, en réfléchissant.) Tous deux !.. Je croyais n'en trouver qu'un seul ici, et l'absence de l'autre m'aurait révélé... Mais, non... tous deux !.. Le diable s'en mêle !

GASTON, à part.

C'est elle qu'il faut sauver.

* Cabassol, Gaston, Fernand.
** Gaston, Cabassol, Fernand.

* Gaston, Fernand, Cabassol.
** Gaston, Fernand, le Général, Cabassol.

LE GÉNÉRAL, levant les yeux et les voyant tous immobiles.

Eh bien! qu'avez-vous donc tous, pour être ainsi consternés?..

FERNAND, s'efforçant de rire.

Rien, Général... c'est Monsieur (Montrant Cabassol.) qui nous parlait de...

LE GÉNÉRAL.

Ah! M. Cabassol vous a raconté ses exploits?..

(Il lui jette un regard sévère.)

CABASSOL, gagnant la porte.

Je choisirai un meilleur moment.

LE GÉNÉRAL.

Où allez-vous, Monsieur?.. Nous avons quelque chose à nous dire...

CABASSOL, à part.

Hum! quelle figure!.. Ah! j'aurai de la peine...

LE GÉNÉRAL, à part, prenant une résolution.

Allons, il faut trancher la question... (Aux aides-de-camp.) Messieurs, approchez...

CABASSOL, à part.

Il commence par eux... J'aime mieux ça.

LE GÉNÉRAL, jouant avec un petit portefeuille de nacre.

A qui de vous, Messieurs, ce petit souvenir...

FERNAND, à part.

Aïe!.. le mien!..

LE GÉNÉRAL.

Que je viens de trouver dans un boudoir, rue de Provence?.. (Avec impatience.) A qui?

GASTON, s'avançant.

A moi, Général.

LE GÉNÉRAL.

Ah!

FERNAND, à part.

Lui!.. Je comprends!.. il nous sauve tous... Brave garçon!

LE GÉNÉRAL, regardant vivement Fernand, à part.

Mais, alors, c'est donc lui qui s'est permis... (Avec rage.) Ma femme!

GASTON, suivant ce mouvement, à part.

O ciel!.. Est-ce qu'il soupçonnerait...

LE GÉNÉRAL, à Gaston.

Ah! c'est à vous?.. Bien. (Les yeux fixés sur Fernand.) Je le forcerai aussi à parler!.. La lettre de ce matin...

FERNAND, à part.

Comme il me regarde!..

LE GÉNÉRAL, ouvrant le billet.

Mais ce billet, dont l'écriture est contrefaite, sans doute... et que le hasard a fait tomber entre mes mains... ici, peut-être... (A Gaston.) Est-il encore de vous, M. de Vassy?...

GASTON, étonné.

Non, général, non,

LE GÉNÉRAL, s'élançant, pâle de colère, vers Fernand et lui présentant le billet d'une main tremblante.

Il est donc de vous, Monsieur?..

FERNAND, avec fermeté.

Non!...

CABASSOL, qui s'est avancé à pas de loup, jetant un grand cri.

Oh!... Général! Général!

(Il veut prendre le billet.)

LE GÉNÉRAL.

Eh! Monsieur!...

CABASSOL.

C'est à moi.

LE GÉNÉRAL, se retournant.

Hein?...

CABASSOL, avançant et retirant successivement la main.

Oui, Général... mais c'est que... je ne comprends pas comment... Ah! voilà ce que c'est... non... si fait... j'y suis... c'est ce matin, en vous remettant ce bail, qui était là, dans ma poche... que j'aurai pris...

LE GÉNÉRAL, vivement.

Cette lettre?...

CABASSOL, tendant la main.

Que j'avais écrite à Madame... vous savez....

LE GÉNÉRAL.

En voilà assez.

CABASSOL, de même.

Oui, Général. (A part.) Tiens! il la garde!

LE GÉNÉRAL, à part, déchirant la lettre, et passant à droite, pendant que Cabassol remonte la scène.*

Ah! tant mieux!... De la part de l'un d'eux, c'eût été d'une insolence! (Se calmant.) Allons, c'est toujours cela de moins.... Mais ce que Fanny m'a dit...

GASTON, bas, à Cabassol.

Il est plus calme.

FERNAND, de même.

Profitez-en!

CABASSOL.

Oui, oui... (Il s'avance vers le général, en l'observant.) Oh! il n'y a pas de comparaison... il est charmant à présent. (Haut, prenant un petit air dégagé.) C'est aussi à cause de cette lettre que je voulais vous prier... -

LE GÉNÉRAL, se remettant en colère.

A nous deux, maintenant!...

CABASSOL, reculant.

Ah! diable!

LE GÉNÉRAL, marchant à lui.

Vous êtes un mauvais sujet, M. Cabassol... un ingrat!

CABASSOL.

Général...

LE GÉNÉRAL.

Oui, un ingrat! Vous avez cherché à tromper un homme, dont vous deviez respecter l'honneur, vous, plus que qui que ce soit au monde! (Jetant un coup d'œil sur Gaston.) Oh! si ce n'était que sa maîtresse... (Regardant Fernand avec émotion.) Mais sa femme!

AIR: Un Page aimait la jeune Adèle.

En trahissant sa confiance,  
Monsieur, vous n'avez respecté,  
Ni les devoirs de la reconnaissance,  
Ni ceux de l'hospitalité!

* Gaston, Fernand, Cabassol, le général.

CABASSOL, ému.

Oh! n'allez pas plus loin... c'est inutile!

LE GÉNÉRAL.

Qu'avez-vous donc?... Mais vous pleurez, je crois!

(A part.)

Il prend tout ça pour lui seul, l'imbécille!
Et ne voit pas que je parle pour trois!

CABASSOL.

Oh! général, je vous en prie!... J'en mourrais, Rosalie en mourrait, M. Frémichon en mourrait aussi... Vous ne voudriez pas tuer tout ce monde-là... pour une citadine, qui a versé... (Insistant.) qui a versé!...

LE GÉNÉRAL.

Soit... je me tairai peut-être... mais à une condition!...

CABASSOL.

Oh! tout, mon général, tout, tout... tout!

LE GÉNÉRAL.

Bien... Mettez vous là.

CABASSOL, qui ne comprend pas.

Comment?... pardon...

LE GÉNÉRAL, brusquement et avançant la table et le fauteuil.

Là... à cette table, sur cette chaise!... vous ne comprenez donc rien?... Ecrivez...

GASTON, à part.*

Quel est son dessein?...

FERNAND, de même.

Attention!

CABASSOL, assis.

Est-ce qu'il va me dicter son testament?..

LE GÉNÉRAL, les yeux fixés sur Fernand.

Je vais vous apprendre, moi, comment se conduit un honnête homme! (Dictant.) « Madame, j'ai osé vous dire que je vous aimais... »Je n'aurais jamais dû oublier que vous êtes la »femme de mon supérieur... »

CABASSOL, s'arrêtant, à part.

Oh! là! là!

FERNAND, à part.

Pauvre Gaston!... c'est pour lui, ça!

GASTON, à part.

Qu'ai-je fait?... Il croit... Pauvre Fernand!

LE GÉNÉRAL.

Ecrivez donc... Est-ce que vous avez la goutte?

CABASSOL.

Non, Général, pas encore... Mais vous exercez une violence morale!...

LE GÉNÉRAL, entre ses dents.

A laquelle je ne me bornerai peut-être pas!...

CABASSOL.

Ah! (Écrivant.) « De mon supérieur... »

LE GÉNÉRAL, continuant.

« De l'homme qui m'a admis dans son inti»mité... qui m'a donné sa confiance tout en»tière... qui a mis son honneur sous la sauve»garde du mien. »

(Il regarde successivement Fernand et Gaston.)

GASTON, à part.

Ces paroles...

FERNAND, à part.

Il me regarde toujours... Oh! il me soupçonne.

CABASSOL.

« Du mien... » Un point.

LE GÉNÉRAL.

« Abuser de cette confiance, c'est une trahi»son... c'est une... »

CABASSOL, écrivant.

« Trahison. »

LE GÉNÉRAL.

« C'est une... » Eh! venez donc à mon secours, M. Fernand... « C'est une... »

FERNAND.

« C'est une... c'est une... »

LE GÉNÉRAL.

« Une infamie!... »

FERNAND, intimidé, répétant le mot.

Infamie! (A part.) Ah! bien mais...

LE GÉNÉRAL.

C'est votre avis, n'est-ce pas?... Continuons. « Et celui qui s'en rendrait coupable serait »un... »

CABASSOL.

« Serait un... »

LE GÉNÉRAL.

« Un... » De grace, M. Gaston, le mot qui m'échappe... « Serait un... un... »

GASTON, avec émotion.

« Serait un... un... »

LE GÉNÉRAL.

« Un lâche... » Allez donc!

GASTON.

Un... (A part.) Oh! mon Dieu!

LE GÉNÉRAL.

N'est-il pas vrai?.. Ce n'est pas trop fort?

CABASSOL, se levant.

Permettez, permettez...

LE GÉNÉRAL.

Ecrivez, Monsieur, écrivez... (Dictant.) « Par»donnez-moi, Madame, et oubliez un amour in»sensé qui cèdera au sentiment de mes de»voirs. » Signez.

CABASSOL, écrivant.

« Jules. »

LE GÉNÉRAL.

Du tout!.. pas de petit nom!.. Ceci est un acte authentique, M. le notaire en herbe.... Cabassol en toutes lettres, s'il vous plaît... C,a, b,a,s,o,l.

CABASSOL, souriant.

Deux S, Général... (Signant.) « Jules-Félicité Cabassol.

LE GÉNÉRAL.

Bien... Pliez... et pour suscription... A Madame Frémichon... »

CABASSOL, écrivant.

« A Madame... » (A part.) O Rosalie! que tu vas maigrir!... (Achevant.) « Rue de la... »

LE GÉNÉRAL.

C'est bon! c'est bon!

CABASSOL, à part.

Et l'encre ne s'est pas séchée dans l'écritoire!

LE GÉNÉRAL.

Maintenant, levez-vous... Eh! vite!

* Gaston, Cabassol, assis; le général, Fernand.

CABASSOL, se lèvant et repoussant la table à sa place.

Voilà! (A part.) Il me fait faire la manœuvre! Assis!.. debout!

LE GÉNÉRAL.

Prenez cette lettre.

CABASSOL, tout bas.

C'est ça... Portez arme!

LE GÉNÉRAL.

Remettez-la à M^me^ Frémichon.

CABASSOL, de même.

Présentez arme!

LE GÉNÉRAL.

Et si jamais vous vous avisez de lui reparler de votre amour...

CABASSOL, doucement.

Cependant, Général...

LE GÉNÉRAL, avec colère.

C'est à moi que vous aurez affaire! (Continuant à lui parler, les yeux fixés sur ses aides-de-camp.) Je ne souffrirai pas qu'on outrage un homme parce qu'on a vingt-cinq ans de moins que lui... et je ferai voir que j'ai encore le bras assez fort pour briser...

(Il saisit le fauteuil qui est près de la petite table à droite, et le frappe sur le parquet.)

## SCÈNE XVIII.

LES MÊMES, CAROLINE.

CAROLINE.

Ah! mon Dieu! quel bruit! qu'est-ce donc?

(Elle regarde Gaston avec inquiétude.)

LE GÉNÉRAL.

Ce n'est rien, Madame... une observation que je faisais à Monsieur.

(Il montre Cabassol.)

CABASSOL, à part.

Il appelle ça une... Diable de général, va!

LE GÉNÉRAL, aux aides-de-camp.

Messieurs, Messieurs... éloignez-vous, et... attendez mes ordres! *(Les aides-de-camp remontent.) Et vous... (A Cabassol.) une affaire urgente vous appelle chez votre patron... allez!

CABASSOL, à part.

En avant, marche!

ENSEMBLE.

AIR: Cet hypocrite, ce flatteur.

LE GÉNÉRAL.

Seul avec elle, assurément,
Je saurai tout, dans un moment:
Ce mystère,
Je l'espère,
Touche enfin à son dénouement.

FERNAND et GASTON, à part.

Que va-t-il faire en cet instant?
Il ne sait rien, et cependant
Sa colère,
De l'affaire,
Me fait craindre le dénouement.

CAROLINE, à part.

Je vois, à son emportement,
Ce qui se passe en ce moment.
Sa colère,
Va, j'espère,
Céder à mon ressentiment.

CABASSOL, à part.

C'en est donc fait! mon sentiment
Touche enfin à son dénouement!
Sort contraire!
Le notaire
L'emporte sur le tendre amant!

(Il sort avec Fernand et Gaston, par le fond.)

* Gaston, Caroline, Fernand, le Général, Cabassol.

## SCÈNE XIX.

CAROLINE, LE GÉNÉRAL.

LE GÉNÉRAL, se promenant avec agitation.

Ah! s'il était vrai... ma vengeance!..

CAROLINE.

Mon Dieu! Général... ces jeunes gens qui sortent la tête baissée... vous même, cette agitation...

LE GÉNÉRAL.

Vous trouvez, Madame?

CAROLINE.

Ah! quels regards!.. vous me faites peur!

LE GÉNÉRAL, avec emportement.

Peur!.. et pourquoi?.. ce n'est pas votre habitude, d'avoir peur... Il y a donc un motif pour cela, et lequel?..

CAROLINE, l'observant.

C'est que vous ne m'avez jamais parlé ainsi... et votre air irrité, votre grosse voix... si vous croyez que c'est rassurant!

LE GÉNÉRAL.

Eh! Madame! (A part, se calmant un peu.) Si je pouvais par elle... Du calme!.. Je souffre comme un damné.., je suis jaloux!.. Il ne me manquait plus que ça!

CAROLINE.

Vous dites donc, Général, que vous êtes bien en colère... (Souriant.) Il vous est peut-être arrivé quelque chose.

LE GÉNÉRAL.

Hein?.. quelque chose?

CAROLINE, de même.

Oui, vous rentrez, je crois... vous avez peut-être été... contrarié... chez quelqu'un.

LE GÉNÉRAL.

Non, Madame, non... mais ici, chez moi, chez nous...

CAROLINE, un peu troublée.

Ah! je ne comprends pas...

LE GÉNÉRAL.

Vous ne comprenez pas... et cependant le trouble de ces jeunes gens vous a frappée... (D'une voix étouffée.) C'est que l'un d'eux est un traître, Madame!.. il s'est permis d'élever ses vœux jusqu'à une personne... qui m'est chère...

près de qui je le laissais sans crainte... et si cette personne l'avait écouté...

CAROLINE, avec fermeté.

Général !.. (A part.) Il sait tout!

LE GÉNÉRAL.

Je ne veux pas le croire... je serais trop malheureux!.. Qu'en dites-vous, Caroline?

CAROLINE.

Je dis... (Changeant de ton.) Je dis que vous avez bien vite tourné au tragique... vous, que j'ai laissé si gai... riant des infortunes de ce pauvre M. Frémichon.

LE GÉNÉRAL.

Eh! Madame, il ne s'agit pas...

CAROLINE, souriant.

Si fait... car c'est grave, voyez-vous, très grave... peut-être sans remède.

LE GÉNÉRAL.

Encore un coup, Madame, c'est de moi...

CAROLINE, sans l'écouter.

Jugez-en vous même... Si toute la faute était à lui... s'il avait des torts, qui donnassent presque raison à sa femme...

LE GÉNÉRAL.

Une femme n'a jamais raison.

CAROLINE.

Oui, je sais, c'est là votre doctrine, à vous... Mais, enfin, si le mari d'une femme... qui n'est pas mal encore... (Il faut bien dire ce qu'on ne voit pas...) qui ne manque ni de grace, ni d'esprit, et que dans le monde, quelquefois, on entoure d'hommages et de séductions... Si le mari de cette femme, dis-je, l'abandonnait sans cesse et lui donnait l'exemple de l'infidélité...

LE GÉNÉRAL, un peu déconcerté.

Permettez... Frémichon... infidèle!.. Allons donc!

CAROLINE.

S'il était épris... d'une beauté... chorégraphique...

LE GÉNÉRAL.

Hein?

CAROLINE.

Pour qui même, entre autres libéralités... car il doit être très libéral... il fût en train de louer une maison de campagne....

LE GÉNÉRAL, à part.

Aïe! elle sait...

CAROLINE, gaîment.

Quelque site sentimental et romanesque, sans doute.

LE GÉNÉRAL.

Ma chère amie...

CAROLINE.

Croyez-vous que cette pauvre petite femme fût bien coupable, pour avoir remarqué peut-être... et voilà tout...

LE GÉNÉRAL, respirant.

Voilà tout?.. Et qui donc?

CAROLINE.

Air du Piège.

Mais... un jeune homme aimable et sans détour,
Que son mari laissait toujours près d'elle...
Il serait mort pour ce regard d'amour,
Qui n'avait pu retenir... l'infidèle!
Et cependant, du respect le plus doux
Il entourait cette femme... la vôtre...
(Mouvement du général. Elle lui prend le bras.)
Mais ce respect pour elle... croyez-vous
Que son mari l'ait eu pour l'autre?

LE GÉNÉRAL, à part.

Qui diable a pu lui dire...

CAROLINE.

Eh bien! Monsieur... vous ne criez plus?.. vous ne vous fâchez plus?.. Et les torts que vous avez...

LE GÉNÉRAL.

Oh! pas autant que tu crois! (Mouvement de Caroline.) Non, jamais je n'ai méconnu tant de charmes et tant d'amour... jamais je n'ai cessé de t'aimer... au contraire!

CAROLINE.

La belle preuve!

LE GÉNÉRAL.

Grace!.. Si tu savais tout ce que je soufre!.. car enfin... je ne te fais pas de reproches, à toi... qui n'as jamais oublié tes devoirs... (Avec anxiété.) Jamais?..

CAROLINE.

Vous douteriez...

LE GÉNÉRAL, vivement.

Non, non!.. Mais lui! Fernand! Il a trahi tous les siens!

CAROLINE, étonnée.

Fernand!

LE GÉNÉRAL.

Eh! parbleu! Gaston me l'a désigné lui-même, en avouant son amour pour une autre femme!

CAROLINE.

Une autre femme!.. Qui donc?

LE GÉNÉRAL.

N'importe! (A part.) J'allais m'enferrer.

CAROLINE, à part.

Ah! je devine!

LE GÉNÉRAL.

Enfin, tu vois que je sais...

CAROLINE.

Vous ne savez rien!

LE GÉNÉRAL.

Je sais...

CAROLINE.

Rien du tout!

LE GÉNÉRAL.

Quoi! Fernand...

CAROLINE.

Écoutez-moi, Général... Avez-vous confiance en moi?

LE GÉNÉRAL, hésitant.

Ou... i...

CAROLINE.

Vous hésitez?..

LE GÉNÉRAL.

Eh bien! oui, là!

CAROLINE.

Et vous ne la reverrez pas... elle... la beauté chorégraphique?..

LE GÉNÉRAL.

Jamais, je le jure!.. Et tiens, je n'en veux plus à celui qui me l'enlève... je le remercierai, ce brave Gas... ce bon Fer... Le diable m'emporte, je ne sais pas encore lequel!..

CAROLINE, allant à la table à gauche prendre la sonnette.*

Je le sais, moi.

LE GÉNÉRAL.

Oh! parle vite... et l'autre...

CAROLINE, qui a sonné, au domestique, qui entre.

Le général demande MM. les aides-de-camp.

LE GÉNÉRAL.

Que veux-tu faire?..

CAROLINE.

Voulez-vous vous en rapporter aveuglément à tout ce que je ferai?

(Elle lui tend la main.)

LE GÉNÉRAL, la regardant, après un silence.

Je le promets...

## SCÈNE XX.

Les Mêmes, GASTON, FERNAND.

LE GÉNÉRAL, avec humeur.

Messieurs, Messieurs... approchez...**

CAROLINE, bas.

Ah! vous m'avez promis... (Haut.) Quoi! général, vous voulez que ce soit moi qui prenne le commandement... par intérim!.. et qui donne des ordres à ces Messieurs?..

FERNAND.

Madame, trop heureux!..

LE GÉNÉRAL, se retournant vivement.

Hein?..

CAROLINE, appuyant.

Vous le voulez?..

LE GÉNÉRAL, après avoir hésité.

Je vous en prie...

CAROLINE.

Vous le voyez, Messieurs, c'est à moi qu'il faut obéir... et je m'en félicite : car vous disiez vrai, M. Fernand, il s'agit de votre bonheur à tous deux... (Serrant à part la main du général.) De mieux encore... (A Gaston, qui a les yeux baissés.) M. Gaston, *** je connais tout votre... dévouement... Je sais que je puis vous en demander une preuve, et que rien ne vous coûtera pour me... pour nous la donner... C'est vous que M. de Chabran désigne au ministre... Partez pour Rodez... où vous trouverez l'avancement dont vous êtes digne...

LE GÉNÉRAL, à part.

Gaston!..

CAROLINE.

Nos vœux vous suivront... et, je l'espère, ils ne seront pas impuissans pour votre fortune.

GASTON, très ému.

J'obéirai, Madame.

LE GÉNÉRAL.

Mais...

CAROLINE, très gaîment, à Fernand.****

Quant à vous, M. Fernand, en attendant un avancement qui vous est bien dû... (Plus bas, jetant un regard sur le général.) vous garderez ce que vous avez pris déjà. (Mouvement du général.) Nous le voulons!..

FERNAND, avec joie.

Ah! quel bonh... (Il s'arrête, baisse les yeux, et s'inclinant:) J'obéirai, Madame.

LE GÉNÉRAL, regardant Gaston.

Cependant, permettez... cet agenda, que j'ai remis à...

FERNAND.

Le voici, général!

LE GÉNÉRAL.

Ah!.. (A part.) Ils m'ont mis dedans comme un conscrit! (A Fernand.) Monsieur... (Avec impatience, à Caroline qui le retient.) Eh! il est trop heureux... (Se reprenant.) Oh!..

CAROLINE, lui montrant Gaston, qui essuie une larme.

Mais il est trop puni!

## SCÈNE XXI.

Les Mêmes, FRÉMICHON, CABASSOL.

FRÉMICHON, en dehors.

Eh! venez donc, mon cher... Ne craignez rien!

LE GÉNÉRAL.

Ah! Frémichon!.. Silence!.. (Regardant.) Ah bien!.. l'autre est avec lui.

(Frémichon et Cabassol sont entrés.)*

FRÉMICHON.

Ah! pardon!.. Je ne vous dérange pas?.. (Prenant Cabassol par la main.) Madame, Messieurs, mon cher Général, je vous présente Me Cabassol, notaire royal, mon successeur...

CAROLINE, très étonnée.

Votre... successeur?

LE GÉNÉRAL, à part.

Qu'est-ce qu'il dit là?

(Fernand se détourne pour rire.)

FRÉMICHON, bas, au Général et à Caroline.

Ça vous étonne, n'est-ce pas?.. Je sais tout, je suis tranquille... je suis heureux... je suis...

LE GÉNÉRAL.

Oui, oui... Après?

FRÉMICHON.

Elle m'a tout dit... Elle, Rosalie... elle allait chez sa mère, à Passy... et ce pauvre Cabassol la suivait à cheval... de loin.

LE GÉNÉRAL.

Ah bah!.. de loin?..

FRÉMICHON.

Et une lettre de lui, une lettre admirable, que j'ai surprise dans les mains de ma femme... Des sentimens pour moi... superbes!.. Ça m'a décidé à terminer tout de suite... Tenez, lisez vous-même.

LE GÉNÉRAL.

C'est inutile... je connais... (A part, en riant.) La mienne.

* Caroline, le général.
** Le Général, Caroline, Fernand, Gaston.
*** Le Général, Caroline, Gaston, Fernand.
**** Le Général, Caroline, Fernand, Gaston.

*Cabassol, Frémichon, le Général, Caroline, Fernand, Gaston.

(Fernand, pendant ce temps, serre la main de Gaston, et Cabassol leur fait signe de se taire.)

CAROLINE.

Quoi donc?..

FRÉMICHON.

Chut! (Passant près de Cabassol.) Oui, mon successeur, qui se chargera dorénavant de tous vos actes... donations, contrats de mariage... (Au général.) Et s'il vous faut un bail...

LE GÉNÉRAL.

Merci!.. Je n'ai plus besoin de maison de campagne... Je pars pour mon château, avec ma femme...

FRÉMICHON, bas.

Et... sans aides-de-camp?

CABASSOL, à part.

Caroline!.. adieu!

FRÉMICHON.

C'est comme moi... J'exécute deux projets que je formais depuis long-temps... Je vends mon étude, et je pars pour l'Italie... où j'emmène ma femme.

LE GÉNÉRAL, bas.

Et... sans maître-clerc?

CABASSOL, à part.

Pauvre Rosalie!

ENSEMBLE.

AIR : Galop des Diamans de la couronne.

LE GÉNÉRAL, FRÉMICHON et CAROLINE.

Chacun pour soi!
Chacun chez soi!
C'est plus sage
En ménage.
Chacun pour soi!
Chacun chez soi!
Oui, désormais, voilà ma loi!

CAROLINE.

Allons, c'est le bonheur pour moi!

CABASSOL, GASTON.

C'est fait de moi!
L'Amour, pour moi,
Au port a fait naufrage.
Ah! quel effroi!
Car je le voi,
Il n'est plus de bonheur pour moi!

FERNAND.

Ah! plus d'effroi!
Fanny, je croi,
Adieu ton équipage!
Mais, plus d'effroi!
Je reste, moi :
Le bonheur est toujours pour moi!

FIN.

NOTA. S'adresser, pour la musique de cette pièce, à M. HEISSER, bibliothécaire et copiste au théâtre.

Imp. de Mme DE LACOMBE, r. d'Enghien, 12.

www.ingramcontent.com/pod-product-compliance
Lightning Source LLC
LaVergne TN
LVHW010408240826
846091LV00020B/2838

* 9 7 8 2 0 1 2 7 3 0 7 9 3 *